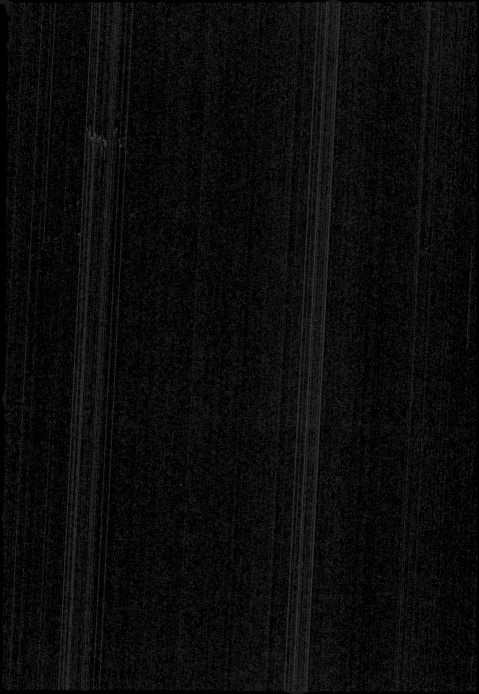

フリーライターとして稼いでいく方法、教えます。

肥沼和之

実務教育出版

プロローグ

想像してみてほしい。普段読んでいる雑誌やＷｅｂサイトに、あなたの書いた記事が名前入りで載ったら。あるいは、あなたの本が書店に並んだら。あなたはどんな気持ちになるだろう？　真っ先に誰に報告するだろう？　初めてもらった原稿料は何に使うだろう？

想像がつかないという方もいると思う。そんなあなたは、無意識のうちに、「ライターになるのは難しい」と思いこんでいないだろうか？　僕は断言する。ライターになるのは、それほど困難なことではない、と。

本書には、全くの未経験からライターになるためのノウハウを詰め込んでいる。しかも、ただ〝文章を書くことを仕事にする〟という意味ではない。そのワンランク上を目指して、〝文章を書くことを生業にし、楽しく仕事をしつつ、しっかり稼ぐ〟ということに主眼を置いている。本書を手に取ってくださったあなたも、ライターを目指す以上、好きな分野や関心のあるテーマで、自分ならではの記事を書きたいに違いない。そして、きちんとお金も稼げれば言うことが無いはずだ。

僕は２００９年にフリーライターになり、文章を書くことを生業にしている。売れっ子でもなく、大して有名でもない（もしも逮捕されたら、ニュースで「ライター」「自称ライター」のどちらかで表記されるか微妙なラインだろう）が、会社員時代は３００万円足らずだった年収が、ライターになった後は８００万円になった。１００％ではないにしろ、好きな分野や関心のあるテーマで、比較的自由に記事を書けている。

ライターとして多少は生活が安定し、金銭的にも余裕ができたため、２０１２年には東京・新宿ゴールデン街に、日本一敷居の低い文壇バー「月に吠える」をオープンした。出版業界関係者が気軽に交流することを目的とした空間で、若手ライターたちの役に少しでも立てれば、という思いを込めている。２０１４年には「株式会社月に吠える」を設立。社員としてライターを雇い、編集プロダクションとして活動している。自慢するつもりなどまるでない。誰でもこのくらい、必ず実現可能だと断言できる。なぜなら、才能も実績もコネもお金も何もなく、落ちこぼれの経歴で、しかもコミュ障の中二病である僕でも、ここまでたどり着けたのだから。

デビュー当時、ライターとして生きていくための方法論を、何一つ知らなかった。売り込みの仕方、原稿料の相場、取材のやり方、企画の作り方など、知りたいことはたくさんあったが、周囲に教えてくれる人はいなかった。だからこそ、とにかく泥臭く行動し、失敗を繰り返しながら学んでいった。当時は生活することに精一杯で、自分がしてきたことを体系的にまとめる余裕などなかったが、後になって振り返ると、ゼロからフリーライターになるためのノウハウとして落とし込めるのかもしれない、と気づいた。それが形になったのが本書である。ライターの仕事の実例や、フリーランスのメリットとデメリット、ゼロから実績やコネを作る方法、文章上達法、企画の作り方、インタビューや取材のコツ、持っておくべきマインドなど、フリーライターにとって必要だと思う内容を盛り込んでいる。

ライターを目指す方向けには、すでにたくさんの指南本が出ている。本書とそれらとの違いは、圧倒的に〝泥臭い〟ことだ。ここに書いたのは、すぐ実践に役立つノウハウというより、忍耐や努力、継続が必要なことがほとんどである。はっきり言って、軽い気持ちでは実践が難しいかもしれない。しかし逆に言うと、「ライターになりたい！」と本気で思う方にとっては、きっと有用な本になると自負している。

僕は現在まで、多くの方に支えられ、助けられてきた。本当に感謝してもしきれない。本書を通じて僕がしたいのは「恩返し」だ。世の中には、本書を手に取ってくださったあなたをはじめ、ライターとして道を切り拓いていきたい方がたくさんいるだろう。もし自分に少しでも伝えられることがあるなら、積極的に発信していきたい。そして良い書き手を育てて、業界の発展に貢献することが、恩返しだと思っている。

前置きが長くなった。そろそろ本編を始めさせてもらうが、その前にもう一度、声を大にして伝えたい。

僕みたいな奴にできたのだから、あなたにも必ずできる。

フリーライターとして稼いでいく方法、教えます。

目次

第1章 ライターが活躍できる場はこんなにある

第2章 コネも実績も無いなら作ればいい

第3章 日本一敷居の低い〝売り込み〟のやり方

第4章 スクールだけじゃない、ライターの学び場

第5章 文章が上手くなるたった一つの方法

第6章 成功率9割超えの取材交渉術とインタビューの極意

第7章 編集者から引っ張りだこになる企画の作り方

第8章 ライターで食うには泥臭い精神論も必要だ

装幀　吉村朋子
本文デザイン・DTP　小林麻実(タイプフェイス)

第1章

ライターが活躍できる場はこんなにある

ライターの仕事の実例

ライターの仕事は実に幅広い。書籍、雑誌、新聞、フリーペーパー、パンフレットやカタログ、社内報、説明書など、紙媒体だけでもたくさんの種類がある。最近ではインターネット媒体の案件も急増しており、ネットを中心に活動する「Ｗｅｂライター」という肩書もあるほどだ。Ｗｅｂの仕事も多様で、Ｗｅｂマガジンやネットニュースの記事のほか、ショッピングサイトの商品紹介・転職サイトの求人広告・グルメサイトのお店レポートなど各種サイトのコンテンツ作成がある。企業のホームページに掲載されている社長あいさつ、商品・サービス紹介、社員紹介、採用ページ、ユーザーインタビュー（商品やサービスを使用した感想をユーザー目線で紹介する記事）なども、ライティング業務を経て作られている。有名人のブログやＳＮＳ、メルマガをライターが代筆している場合もある。

僕が普段している仕事は、雑誌とＷｅｂが半々くらい。たまに書籍や新聞の仕事もある。分野でいうと、「ビジネス系」と「求人・人材系」の記事が多い。フリーになる前、僕は求人系広告代理店に勤務し、転職サイトの求人原稿作成をしていた。そのバックボーンがあるため、今でも求人原稿を書いているほか、人材業界に関する記事作成にも多く携わっている。例えば「派遣法の改正がもたらす業界への影響」「労働人口が減少する日本において、女性や外国人人材をいかに活用するか」といったテーマで、識者にインタビューを行うことがしばしばある。少々硬い内容の原稿が多いが、長く携わってきた業界なので、自分にとってなかなか楽しい仕事だ。

ビジネス系の媒体で、経営者やビジネスパーソンに取材をすることも多い。僕には元々、ビジネスの素養など全くなかったが、求人原稿の記事作成のため、様々な企業や経営者を取材するうちに、自然と鍛えられたのだ。それもそのはず、求人原稿の取材の際は、まずその企業のビジネスモデルや経営方針に関する取材を一通り行った上で、「ではどのような人材が欲しいのですか?」と採用の話に移る。しかも、取材するのはメーカーや商社やＩＴや金融や医療や製造業などあらゆる業種で、規模も東証一部上場企業から中小まで様々。場数を踏むうちに、多少はビジネスの話についていけるようになったため、ビジネス系の執筆依頼もいただくようになったのだ。

本が好きで、出版系の人が多く集まるバーを経営していることもあり、出版業界専門紙でも、書店ルポなどの記事を書かせてもらっている。時事の社会問題に切り込んだ、報道系の記事を書くこともある。仕事としての割合は小さいが、僕が一番好きな分野はノンフイクションだ。僕が2014年に出した初著書も、「ラブドールと結婚した男」「インターネットでしか恋ができない女」など、様々な愛の形を追ったノンフィクションだった。最近は市場自体が小さくなり、執筆のチャンスがあまりないのだが、それでも一生関わり続けたい分野である。

ここに挙げたのは、僕が普段携わっている仕事の一例だ。このほかにも、知人の紹介などで、新しい仕事の打診をいただくことがある。基本的には内容やスケジュール、原稿料などをふまえて、受けられそうであればお受けさせていただくスタンスだ。

文章があるところにはライターがいる

珍しいところでは、裁判用の資料を書いたことがある。A社というイベント会社が、Bというプロデューサーから依頼を受け、音楽イベントの運営全般を任されることになった。しかし集客がうまくいかず、赤字になったことを理由に、Bは総額1500万円ほどの運営費の支払いを拒否。話し合っても解決の見通しが立たず、とうとうA社は裁判を起こすことになった。そこで、法廷で使う資料作成のため、僕はA社の社長やイベントに関わった社員にインタビューし、依頼から支払い拒否までの顛末を文章にしたのだ。資料ということだったので、客観的かつ淡々とした文章でまとめたところ、「もっと私たちの怒りが滲み出てくるように書いてほしい！」と、社長から要望をもらったものだった。

また「ナンパ必勝法」「合コン講座」「女性を落とすメール術」「キャバクラ嬢の口説き方」など、恋愛ノウハウ系のネット記事を書いたことがある。胡散臭いと思いつつ、男性なら一度は見たことがあるのではないだろうか。クライアントからは大好評で、「アクセス数がすごく伸びていますよ！」と喜ばれたものだった。ちなみに僕は恋愛経験が少なく、女性と1年以上付き合えたことがない。好きな人ができても告白すらできず、大抵片思いで終わってしまっている。恋愛マニュアルなど書けるはずがなく、内容はほぼ想像で書いた（ごめんなさい）。その後も同じようなシリーズを何作か書いたが、「彼氏がいる女を落とす方法」の執筆途中で、編集部の都合でその仕事は打ち切りになった。

ここに挙げたのはあくまで僕の例であり、ライターによって活動分野は様々。医療系やサイエンス系、スポーツ系、カルチャー系、グルメ系、政治系、金融系、建築系、広告系、エロ系など実に多岐に渡る。世の中に存在する大抵の分野で、活躍しているライターがいるのだ。『月刊住職』『月刊タニシ』『月刊下水道』など、超ニッチな分野のメディアが存在し、そこで執筆しているライターがいることからも明らかだろう。文章があるところには、常にライターの存在があるといっても過言ではないのだ。

書くだけじゃない、こんなにあるライターの仕事

ライターを直訳すると、〝書く人〟という意味になる。けれど、実際にはたくさんの付随業務がある。売り込み、企画作り、打ち合わせ、取材先のアポ取り、取材現場の仕切り、カメラマンへの撮影指示、原稿書き、校正校閲、取材先への原稿確認、修正対応、請求書作成ｅｔｃ……。

文章を書く作業は、ごく一部であることがお分かりだろう。職種でいうと、営業も企画も総務も経理も、あらゆることを一人でこなすのがフリーライターなのだ。

純粋に文章だけ書いているライターも、もちろんいる。ただ、付随業務をスタッフやマネージャーに任せて、自分は書くことに専念できるレベルとなると、相応の知見や専門性、ネームバリューが必要となる。ここでは、「世の中にはそういうすごいライターもいる」くらいの認識でいてほしい。

ところで、ライターとよく混同されるが、編集者とはどのような職業なのか。分かりやすく言うと、ライターのパートナー的な役割だ。企画作り、取材先の選定や交渉、ライターやカメラマン・デザイナーの選定・手配、取材先のアポ取り、現場の仕切り、スケジュール・進行管理、校正校閲、取材先への原稿確認などを行う。客観的な視点から原稿に赤字を入れたり、締め切りに遅れたライターに催促したりするのも編集者の役割だ。

お気づきかもしれないが、ライターと編集者の仕事は若干かぶっている。というのも、どこからがライター、どこまでが編集者の役割なのか、明確な定義がないからだ。そのため、会社によって、ライターに任される役割が全く異なることもある。A社との仕事では、取材・執筆だけ任されていたライターが、B社では取材交渉や原稿確認まで任されることもあるのだ。またライターが撮影を任されることも珍しくない。最近はカメラの性能が上がっているので、素人でもそれなりの写真を撮ることができる。カメラマンに頼むより安く済むので、出版社にとって経費削減になるからである。

ライターへのイメージが変わった方もいるかもしれないが、良くも悪くもこのような職業だということをまずは認識していただきたい。

アイドル、ヤ○ザ、ロボット……非日常を経験できる醍醐味

ライターの醍醐味は、普通ではあまりできない体験をできることだろう。僕は2009年にフリーになってから、仕事の中心である「ビジネス系」「求人・人材系」を通じて、おそらく700社以上、2000人以上の社長やビジネスパーソンに取材をさせていただいた。講演を聞くとなると、高い参加費を払わないといけない大物社長に、マンツーマンでお話を聞かせていただくことも珍しくない。こういった経験は、僕をライターとして飛躍的に成長させてくれた。取材を通じて蓄積した経験やデータに基づいて、「このビジネスモデルは珍しいな」「このサービスはかなり独自性が高いな」という視点で取材を行い、記事作成できるようになったのだ。このスキルは、今や僕の生命線である。

ライターだからこそできた、貴重な体験もたくさんある。例えば芸能人への取材。これまでに俳優や女優、アイドルやお笑い芸人など、総勢100名近くの有名人に取材をさせていただいた。特に印象深かったのは、大ファンである故・忌野清志郎さんに関われたことである。忌野さんが2001年から開催していたコンサート『ナニワ・サリバン・ショー』が映画化されることになり、告知記事を書くため、出演者であるシンガーソングライ

ターの山崎まさよしさんにインタビューをさせていただいた。忌野さんとのエピソードをたくさん伺い、思いを込めて書いた記事が公開されたときは、感動のあまり涙がこぼれそうになったのを覚えている。あこがれ続けていたロックスターと、間接的にではあるが、一緒に仕事ができたのだから。

ＡＫＢ48をはじめとするアイドルのコンサートを取材させていただいたこともある。一般客がチケットを求めて長蛇の列を作っている脇を、関係者入り口から会場へ入っていく。しかもコンサート本番では、マスコミしか入れない最前席の超・特等席からステージを観せていただいた。記事を書くためとはいえ、ファンの方たちに後ろめたい気持ちになったものだった。

印象深いことはまだまだある。ソフトバンク社が人工知能搭載ロボのペッパー君を開発した際は、発売前に開発者にインタビューをさせていただいた。まだ正式リリースされておらず、関係者しか目にすることができないロボットを前に、「どんな機能なのか」「どんな仕組みなのか」「どんなことができるのか」など、詳しく伺うことができた。

地方取材に行くこともある。これまでに東北、北陸、関西、四国、九州など様々な地域に行ってきた。地方取材の醍醐味は、現地の空気を肌で感じられることだ。プロ野球球団・東北楽天ゴールデンイーグルスの創業ストーリーの記事を書いたときは、取材で仙台のスタジアム「Ｋスタ宮城（現・楽天Ｋｏｂｏスタジアム宮城）」に行き、関係者しか入れない球場の内部まで見学させていただいた。その後は試合観戦もさせてもらい、楽天がどれだけ地域に愛されているか、どれだけファンサービスに力を入れているかも体感できた。

ある二輪メーカーが、免許がなくても運転できる電気四輪車を開発したときは、熊本県の村へ取材に行った。バスの本数も少なく、お年寄りの行動範囲が狭い同エリアで、住人が電気四輪車に乗ることで行動範囲を広げる。また飲食店などに充電器を設置することで、充電がてら立ち寄る人が増え、経済の活性化にも貢献するという取り組みだ。取材を通じて、地方の過疎化・高齢化の現状を実感したのと同時に、その課題を解決しようとする企業や行政の取り組みに大きな感銘を受けたものだった。地方取材は副産物として、空き時間に観光などしながら旅行気分を味わえることもある。取材後に現地の居酒屋やスナックを巡るのが僕の趣味で、今も地方取材があれば喜んで行っている。

ヤ○ザの組事務所に取材に行った経験は、ステキな思い出とは言い難いが、本当に貴重だった。神棚が飾ってある以外はごく普通の２ＤＫで、出迎えてくれた組員は、なぜか野球のユニフォームを着ていた。よく見たら、両腕の手首まで刺青が入っており、その上から半袖のシャツを着ていたため、ユニフォームのように見えたのだった。その後もミカジメ料の取り立てに同行させてもらったり、酒場のトラブルを仲裁する場面に立ち会わせてもらったりと、非日常的体験の連続だった。

会社員時代は、毎日が同じような仕事の繰り返しで、どちらかというと作業に近かった。けれどライターは、取材を通じて様々な世界に飛び込んでいけるのだから、エキサイティングな仕事だとつくづく感じている。

パターン別　ライターの仕事の流れ

さて、ここでライターの仕事のイメージが伝わるように、仕事の流れをいくつか紹介する。あくまで僕の経験に基づいているので、違うパターンもあるかもしれないが、大まかな流れや仕事内容にそう違いはないはずだ。

パターン1

編集者から「〇日の〇時から〇〇の取材をお願いしたいのですが、空いていますか?」

と連絡を受ける。ＯＫの場合、資料や企画書が送られてくるので、事前勉強して取材に臨む。現場では取材対象者にインタビューを行う（編集者がする場合もある）。その後、原稿を作成して編集者に送る。修正があれば対応して、完了だ。

締め切りは、雑誌やＷｅｂ媒体で３０００字とした場合、３日〜２週間程度が多い。最も短かったのは、取材後30分以内に納品という、エンタメ系の記者会見やイベント取材の仕事だ。熱愛問題などで渦中のタレントが登場すると、どんな発言をするか、多くのマスコミが訪れる。ほかの媒体に先駆けて、少しでも早く記事配信をするため、スピードが求められるのだ。記事作成に関して、僕はかなり早い方だったが、それでもさすがに30分は無茶ぶりとしか思えなかった……。

一方、書籍であれば２ヵ月〜半年といったところだろうか。取材が複数回に及ぶこともあり、時間をかけて進めていくことが多い。

パターン2

自分で企画を立てて編集者に連絡することもある。書籍など大掛かりな場合はきっちりした企画書を作り、企画会議でプレゼンすることさえある。Ｗｅｂ記事などそれほど大掛かりでない場合は、メール本文に企画内容を記載する程度で、編集担当の判断で企画の可否が決まることがほとんど。編集者と旧知の仲の場合は、酒などを飲みながら企画の話になり、盛り上がってそのまま仕事になってしまうこともある。

企画が通れば、いざ執筆だ。取材が伴う場合、自分で立てた企画だと、取材交渉から原稿確認までライターが行うことが多い。

パターン3

「どうしても記事にしたい！」という題材があるとき、企画が通っていない状態でも取材・原稿作成してしまうことがある。完成後、内容に合わせて編集部を選び、売り込みをする。題材がビジネスであればビジネス系、社会問題であれば社会派のメディア、といった具合に。そして採用されれば、記事掲載という流れだ。

ただ、採用されるとは限らないので、お蔵入りになってしまうことも多々ある。すると、それまでの時間や労力、費用が無駄になってしまう。また取材にご協力いただいた方がいる場合、ボツになってがっかりされることもある。そのためトラブル予防として、取材対象者には企画が通っていないことを事前に説明し、「記事になるか確約はできませんが……」とあらかじめ伝えておくなど、細かい配慮を欠かさないようにしている。
いろいろとリスクはあるが、どうしても記事にしたいことがある場合、僕はよくこの方法をとる。編集者に依頼されたわけでないので、自分主導で取材や執筆を進められるため、自由でスピード感があるのだ。

パターン4

音声データや資料を基に、ライターが記事作成を行う。ライターは取材に行かないので、在宅で働きたい方にはピッタリだろう。ただ、取材現場の雰囲気や取材対象者の人柄が伝わりづらく、原稿作成に気持ちが入りづらいデメリットもある。また音声の場合、テープ起こしを必ずしないといけないので、取材に行ったのと同じくらい時間がかかってしまうことも。基本的に、取材ありのときより原稿料が安い。

*

以上である。ライターの仕事の流れを、何となくイメージしていただけたのではないだろうか。

社会人としての常識やマナーが必須

文章が上手くないとライターになれない、と思われがちだが、文章力と同じくらい大事な要素はたくさんある。前述の通り、実にたくさんの業務を任されるし、取材交渉やインタビュー、原稿確認のやり取りも行うので、コミュニケーション力は必須だ。

何より、社会人としてのマナーや常識を持ち合わせていることが大事である。時間や締め切りを守らない、最低限の敬語すら使えない、あまりにもラフな格好で取材に来る、などは論外だ。口が軽いのもＮＧ。「今、こんな本を作っているんだ」「こんな会社と仕事しているんだ」と機密情報をペラペラと話したり、ＳＮＳで発信したりすると、情報漏えいで損害賠償請求を起こされてしまうことさえあるので、仕事上の秘密をむやみに漏らしてては絶対にいけない。

そんなこと当たり前でしょ、と思うかもしれない。しかし、フリーライターという職業に、「自由」「ラフ」といったイメージを持ってしまうのか、この辺りの基本的なことをおろそかにしてしまう人は少なくない。

例を挙げよう。僕がよく行く新宿ゴールデン街のとあるバーで、ライター志望の青年・M君（23歳）が働いている。テクノカットがトレードマークで、明るくて面白いやつなのだが、ちょっと調子が良いのが玉にキズ。酒場で年上には可愛がられるが、社会に出たらきちんとやっていけるのかなぁ、とつい心配になってしまうようなキャラクターだ。

その彼が、知人の紹介で、編集プロダクションの面接を受けた。編プロは人が足りなくて困っており、しかも紹介というアドバンテージがあったので、ほぼ採用前提だったらしい。

ところが、落ちてしまったのである。なぜだろうと思い、人づてに編プロの面接担当者に聞いてみると、理由は〝常識〟〝マナーの欠如〟だった。面接の日時を決めるために、担当者と電話でやり取りをしたとき、M君は終始ため口。また面接当日、編プロの担当者が「弊社に着いたらAという者を呼んでください」と伝えていたのに、M君はなぜか受付で「Bさんいますか?」と全く違う名前を伝え、混乱させた。その後、会議室に通され、着席して待機していたM君は、担当者が来たのに席を立ちあがらないままあいさつ。会話をするときは、「はい」ではなく「うん」と終始相づちを打ち続けた。

猫の手も借りたいほど忙しい編プロだったが、さすがに不採用にせざるを得なかったようだ。作家や芸術家を目指すなら、常識やマナーなど不要なのかもしれないが、ライターはそうもいかないのである。

訓練次第で誰でも文章は上手くなる

ライターとして活動していくのなら、もちろん文章力も必要となる。だが、最初から上手くなくて構わない。訓練次第で間違いなく、プロとしての一定水準まで磨けるので、心配しないでほしい。僕はライターになる前、作家を目指して小説を書き続けていた。文章が上手くなるように、志賀直哉や松本清張からオー・ヘンリーまで、いろいろな作家の文章を書き写したこともあった。それなりに文章力に自信はあったのだが、いざライターになるとまるで通用しなかった。文芸としての文章と、ライターとして求められるそれは全く異なるからだ。サッカーと野球のボールが、同じ丸い形であっても、扱い方が全く違うのと同じかもしれない。

だが、編集者から赤字を入れられ、直し、赤字を入れられ、直し……を繰り返すうちに、ライターとしての文章力は自然と身に付いていった。訓練次第で上手くなると、身をもって実感できたのだ。

ほかにも例を挙げると、僕が運営する編集プロダクションには、全くの素人からライターに転身した社員がいる。初めは「てにをは」すら間違うレベルだったが、徹底的に赤字を入れ続けたところ、4～5ヵ月も経つとプロとしての及第点にまで成長した。最初の一行目にどんな文章を持ってくるか、どんな構成にすると読みやすいか、なども意識するようになり、それなりに読者を引き付ける文章を書けるようになったのだ。

繰り返すが、文章は誰でも上手くなることができる。本書でも第5章で、僕なりの文章上達法を詳しく紹介しているので、参考にしていただきたい。

野生動物のように生きるのがフリーライター

動物園では餌を自動的に与えられるが、野生動物は自ら獲物を探し、狩りをしないと飢え死にしてしまう。会社に守られていないフリーライターは、いわば野生動物。だからこそ自分からガンガン行動し、提案していかないといけない。

先ほど、最も大事なのは常識やマナー、礼儀と書いたが、それと同じくらい主体性や積極性、企画力や提案力も必要となる。特に駆け出しの頃は、あなたというライターの存在を編集者は知らない。待っているだけでは仕事依頼が来ないので、積極的にＰＲをしないといけないのだ。

野生動物になるために、ちょっとした訓練をしてみよう。この本の読者は、ライター以外の仕事に就いている方が大半だろう。普段の仕事の中で、上司や先輩に「このやり方はこうした方がいいのでは」と提案をすることがあると思う。その意識をさらに高め、ちょっとした内容で構わないので、提案の件数を倍にしてみてほしい。主体的な行動を通じて、受動的なマインドを完全に捨てきることが大事なのだ。

もしもあなたが生業としてライターを選択しなくても、こういった主体性や提案力を磨いておけば、先々必ず役立つだろう。終身雇用や年功序列が崩壊し、正社員で働いていようが、大企業に所属していようが、安泰とは言えない時代である。社会状況がさらに厳しくなったときでも生き残り、自分や家族を守るためには、野生動物のようなサバイバル力が必要だと僕は確信している。

好きな仕事を選べるのがメリット

フリーライターのメリットはたくさんある。まず、仕事を自分で選ぶことができる。会社員であれば、仕事も上司も同僚も選ぶことができず、与えられた環境で与えられた仕事をこなさないといけない。しかしフリーであれば、お付き合いしたい会社や仕事を選ぶことができる。もちろん、駆け出しの頃から全て自由に、というわけにはいかないが、一人前になれば十分に実現可能だ。

以前に取材をした、栃木県のバネ工場「有限会社中里スプリング製作所」という会社は、その年に一番頑張った社員に、ご褒美として「嫌な取引先を切っていい権利」をプレゼントしているという（実際には多くの社員が行使しないというが）。このように粋な会社に入らなくとも、フリーランスなら全てを自分で決めていける。感情や気持ちを優先して仕事を選べるのだ。

僕も「好きなことだけをして生計を立てている」というとウソになるが、「好きなことを中心に生計を立てている」とは胸を張って言える。そのためストレスも少ないし、何より自分自身が高いモチベーションで仕事に取り組める。必然的に良い成果が出て、クライアントからも評価される……という、良いサイクルにも繋がっていると思う。

また、どれだけ働いても給料が同じ、ということはなく、頑張ればその分稼ぐことができる。プロローグでも書いたが、僕はフリーライターになり、年収は多い年で800万円ほどになった。これは会社員時代の2・5倍強の金額だ。好きな仕事をして、しっかり稼ぐ。やり方次第でそれを実現できるのも、この仕事の特権である。

デメリットは不安定さと社会的信用の低さ

一方でデメリットもある。先ほど、フリーライターを野生動物に例えたが、ライオンであってもいつも獲物を捕らえられる保証はない。同様に、フリーライターのデメリットとして、仕事や収入が不安定なことが挙げられる。忙しい時期は毎日締め切りに追われていても、閑散期には全く仕事が無い、ということも珍しくないのだ。

例を出そう。編プロを経て、フリーの編集兼ライターに転身したS君（30歳）がいる。イケメンで優秀なのだが、気が優しくて、悪い役割がいつも回ってきてしまうような、どこかついていない男だ。その彼は、編プロ時代のクライアントから、月刊誌の制作を丸ごと任せてもらうことになり、毎月まとまった収入が見込めるようになったため、フリー転向を決めた。しかし、会社を辞めた直後にその雑誌が休刊。収入の見通しがなくなり、奥さんに「どうするのよ！　離婚する?」と怒られ、慌てて就活をする羽目になったのだ。

僕自身も同じ経験がある。コンスタントに仕事を振ってくださり、毎月20万円ほどの原稿料をいただいていたクライアントがあった。だがその会社の方針が変わり、外注していた業務を内製化するとのことで、急に仕事がなくなってしまったのだ。仕事の軸の一つにしていたため、大いに焦ったものだった。このように、いつ何が起こるか分からないのがフリーライターの怖さである。

また、保険や年金、確定申告などの手続きも自分で行う必要があるし、健康管理も必須だ。入院でもしたら、その瞬間から一切の収入が絶たれてしまうのだから。またフリーライターという職業には、ネガティブな世間的イメージが付きまとうことがある。僕も以前、初対面の方に職業を名乗ったところ、「パパラッチとかするんですか?」と聞かれた。そういった印象を持たれると、結婚をしようにも、相手方のご家族からよく思われないことがあるだろう。ローンを組んだり、クレジットカードを作ったりするのにも苦労することがある。こういった不安定さや、社会的信用の低さがフリーライターのデメリットと言える。

副業としてのフリーライター

フリーライターとして生きていくメリット・デメリットをそれぞれ書いた。良い面がある反面、少なからずリスクもあるので、僕はフリーに転身することを決して推奨はしない。あくまで選択肢の一つとして、「こういう道もあるんだ」くらいに思っていただきたい。主婦や会社員、フリーターなどの方が、副業としてライターをするのもアリだと思う。本業で安定収入を確保できているのであれば、ライター業では好きな仕事を選ぶことができる。「空いた時間に、好きなことをして、お小遣い稼ぎをしたい」という方には最適だろう。

対照的に、最初から家計の足しにすることが目的で、休みの日などにライターをしている人もいる。割がいい仕事を選べば、稼働日が週末だけだったとしても、月に10万円以上稼ぐことも難しくないだろう。

僕の知人でも、会社員をしながら、空いた時間を使ってライターや作家活動をしている人がたくさんいる。「ライター一本で生計が立てられるようになったら、会社を辞める」という考えの人もいれば、「今のバランスがちょうどいいから、あえて会社は辞めない」という人もいる。人によって本当に様々なのだ。生活の中での優先順位をしっかり考えた上で、自分は何が目的でライター業をするのか考え、方向性を定めて、力を注いでいくのがいいだろう。

第2章　コネも実績も無いなら作ればいい

僕がフリーライターになった経緯

ここまで読んで、ライターという職業への興味を深めていただけただろうか？　そうであれば早速、ライターとしてデビューするために、行動を起こしていただきたいところなのだが、「実績がないから自分には無理なのでは……」という言葉をよく聞く。確かに、出版社や編プロなど仕事を頼む側からすると、素性の知れない人間がいきなり「ライターです」とやって来ても、すぐに仕事を任せようとは思わないだろう。

実績を作るにはまずどこかで書かないといけない、けれど書かせてもらうためには実績がないといけない……という、〝鶏が先か卵が先か〟のような状態から抜け出すにはどうすればいいか。ここで声を大にして言いたいのは、「実績は自分で作るもの」ということだ。

具体的にどうすればいいのか、実績の作り方を書く前に、自分の経歴を語ることを少しだけお許しいただきたい。僕は子供の頃からコンプレックスの塊で、周囲の顔色を見ながら意見を言い、行動し、何となく生きてきた。一方で、『人間失格』の主人公・大庭葉蔵のように、自分は特別だという根拠のない自負があったため、周囲の人々を見下していた。

僕は天才なんだ、お前らとは違うんだ、と。完全なこじらせ系の中二病である。当然、周りに馴染めない。中学時代はしょっちゅう学校をサボり、近所の神社や公園でぼけーっと過ごしていた。高校へ入ったもののすぐ辞め、大検を取って大学に入りなおしたが、やはり辞めた。

有り余る時間を何に費やしていたかというと、小説を書いていたのだ。僕は将来、作家になることを目指していた。当時、芥川賞の最年少受賞者は、丸山健二の23歳。その記録に並ぶのは自分だと信じて疑わなかった。フリーターをしながら小説を書く日々を送っていたが、周囲に馴染めず、どのバイトも長続きしなかった。引きこもりのような時期も経験した。10代の頃はまだ良かったが、同年代が大学を卒業し、就職をし始めると、「そろそろちゃんとした方がいい」と両親や数少ない友人たちから忠告されるようになった。

それでも、僕は耳を貸さなかった。自分は選ばれた人間だから、必ず芥川賞作家になれるんだから、という拠り所だけが僕を支えていた。ところが、24歳を目前に書き上げた渾身の作品は、狙っていた文学賞で一次通過すらしなかった。そのときに、自分は特別ではない、と初めて気づいた。いや、薄々気づいており、見て見ぬふりをしていた事実を、現実として目の前に突き付けられたのだ。24歳にして夢や目標を失ったとき、僕は何者でもなくなった。

作家の夢をあきらめた後も、本に関わる仕事はしたかった。出版社や編集プロダクションを片っ端から受けたが、書類審査すら通らないことがほとんど。恐らく50社以上エントリーしただろう。正社員募集はもちろん、アルバイト募集でも同様だった。派遣社員で食いつなぎ、27歳のときに求人系広告代理店に拾われた。ようやく文章を書く仕事に就けたのだが、相変わらず組織には馴染めない。しかも、入社して2年も経たないうちにリーマンショックが起こり、人員整理で退職することになった。もう、うんざりだった。また就活をしたところで、連戦連敗するのは目に見えている。組織で働くことも辛い。そんなときに、ふと思いついた。ちょっとばかりのライティング経験を生かして、フリーライターになろう、と。

実績ゼロをイチにする方法

ライターを目指すなら、この人のようになりたい、という明確な像があった。ノンフィクションライターの上原隆さんだ。上原さんは、いわゆる「普通の人たち」に密着取材し、何気ない日常のドラマを淡々とした文体で描き、胸にぐっとくるエピソードを書き続けている。決して壮大ではないが、全ての人には唯一無二の愛おしいドラマがある、と気づかせてくれる作風なのだ。小説家になることを諦めた後、いつかこういう記事を書きたい、と思い続けていた。

けれど、実績も何もない自分に、そんなチャンスがいつ訪れるのか。待っているだけではきっと来ないだろう。そこで、「だったら自分で始めてしまおう」と思い立ったのだ。

僕はブログを立ち上げ、そこで上原隆さん風のノンフィクションを書き始めた。初めは身近な友人に取材をしていった。一人目は、幼い頃に両親を亡くし、唯一の肉親である妹にお金を借り逃げされ、誰も信用できなくなっている女性。二人目は元少林寺拳法の師範で、稽古中に頭を蹴られたことで障害が残り、生活が困難になっている男性。三人目は、社交ダンスのA級試験に合格したら、恋人にプロポーズを考えている男性。四人目は、オーダーメイドの靴屋を開くのが夢で、うつ病と闘いながら、靴職人のもとで修行中の女性。どの方もいわゆる「普通の人たち」で、これまでの半生をインタビューし、個人的に胸に響いたエピソードを深掘りして記事にしていった。

すると、少しずつだが反響をもらうようになった。読んでくれた知人や、時には見ず知らずの読者から感想が送られてくるようになったのだ。「面白いよ!」という感想の一方、中には「あれ、誰かの真似してんだろ? お前はファッションでやってるだけなんだよ」という批判もあった。でも、止めたら負けだと思った。ライターを名乗っているものの、無名の超新人。しかも自分で立ち上げたブログなど、実績になるとは思えない。「こんなことを続けて何の意味になるんだろう?」と何度も自問自答したが、ほかに手段はない。自分を信じて続けるしかなかった。

取材を受けてくれる友人がいなくなると、人を紹介してもらったり、インターネット上で探したりして書き続けた。すると、「僕も取材してください!」「私も」というメールももらうようになった。中には裏社会の人もいたが(前述のヤ〇ザの組事務所取材もこの一環だった)、僕は臆することなくどこへでも行った。全ての体験を、ライターの糧にしてやろうとだけ思っていたのだ。結局3年ほどで40本以上記事を書いた。

ちょうど同じ頃、僕はライターとしての仕事も獲得するため、ライター募集情報サイト「東京ライターズバンク」をよくチェックしていた。そのサイトは掲示板のようになっていて、ライターを探している企業や個人から「こんな案件があります」「こんなライターを探しています」などと書き込みがあり、閲覧したライターが応募する、というものだ。

そこに、介護業界専門誌からの募集情報が載っていた。介護業界で働く若者に取材をして、その人柄が伝わる記事を書けるライターを探しているとのことだった。介護業界のことはまるで分からない。けれど、僕がやりたい人物取材ということで、すぐにメールで連絡した。当時、プロのライターとしての実績は少なかったが、例のブログのURLを送ったところ、「あのような原稿をうちでも書いてほしい、ぜひあなたにお願いしたい」と返事があったのだ。

個人で発信していたブログが、なぜ実績になったのか。それは、二つのことを心がけていたからだと思う。継続することと、決して手を抜かないことだ。誰でもすぐブログを立ち上げられるこの時代、良い記事を書いたとしても、ライターの仕事に繋がるか分からない。しかも当時、駆け出しライターだった僕は、生活のために某新聞社で編集アシスタントの仕事もしていた。ライターの仕事は少なかったが、決してヒマだったわけでない。

そんな中、時間を作って取材をし、記事を書き続けるのは、苦しい作業でもあった。しかし、手を抜いて書いた文章など実績にならない。自分の行動がいつか報われると信じ、本業と同じ熱量を注いで、継続して書き続けたからこそ、結果に結びついたのだ。実績は自分で作れるのである。

結局、その介護専門誌で、僕は2年間連載させてもらった。読者アンケートで、僕のコーナーが一番面白いという反響をいただいたこともあった。上原隆さんに憧れて、このような仕事をしたいと思い続けていた僕にとって、業界誌とはいえ、その夢が実現したことは忘れられない思い出である。

良かったのはそれだけでない。記名入りの記事の効力はやはり大きく、その連載を始めてから、売り込みをして採用される確率がぐっと高まったのだ。点が一つできれば、繋がって線になっていくのである。

心の師・上原隆さんとの出会い

上原隆さんのお名前を出したので、彼との出会いにも触れておきたい。前述のように、僕は上原さんの作品に大きな影響を受けた。いつか会ってお話を聞きたい、と思い続けていた。あるとき、著書のプロフィール欄に、「お話を聞かせてくれる方はこちらまで」とメールアドレスが記載してあるのに気づいた。

考えるより早く、僕はメールを打っていた。上原さんのファンであること、自分が駆け出しのライターであること、上原さんのような作品を書きたくてブログで発信していること、よろしければ一度会って話を聞かせていただきたいこと……などを書き連ね、送信した。正直、返信が来るとは思わなかったが、翌日メールフォルダを見ると、なんと早速、上原さんからメッセージが届いていたのだ。恐る恐る開封すると、「では会いましょう」という内容だった。

早速日程を調整し、居酒屋で飲むことになった。待ち合わせは19時、新宿のアルタ前。僕一人で行くのは恐れ多く、緊張もしてしまうので、同じように上原さんファンの編集者見習いや、ライター志望の友人などを連れて行った。実際にお会いした上原さんは、小柄で、とても物柔らかな方だった。

「こ、こんばんは、コエヌマです！」

「上原です、よろしくお願いします」

「お、お店を予約していますので、移動しましょうか」

あいさつを終えて移動しようとした直後、僕は早くも〝プロの書き手〟の本質を見せられることになる。上原さんが何かを気にしているので、見ると、新宿の駅前広場が騒がしく、人だかりができていた。僕は大して気に留めなかったのだが、上原さんは「何だろう、あれ。ちょっとゴメン」というが早いか、まっさきに人ごみの方へ駆けていったのだ。10分ほどして、ニコニコしながら「お待たせ。労働団体のデモでした」と戻ってきた上原さんを見て、ノンフィクションライターの好奇心や行動力に驚いたものだった。

居酒屋に入った後も、僕がライターとしてどんな仕事をしているか、上原さんに話していると、突然「収入はどれくらい?」と聞かれた。「好きな食べ物は?」と聞くように、ごく当たり前の口調で。プロというのは、聞きづらいことであっても、気になることは聞かなければいけないのだ、と痛感させられた。

この日を機に、上原さんと交流を持たせていただき、新刊が出た時には送ってくださったり、年賀状をやり取りさせていただいたりするようになった。「私の作品のようなノンフィクションをブログで発信していて、話を聞きに来た青年がいる」と、連載されている雑誌の中で、僕のことを書いてくださったこともあった。バー「月に吠える」がオープンした直後には、朗読イベントも開いてくださった。初著書を献本した際は、手厳しい感想を添えて手紙をくださったこともある。あのとき、勇気を出してメールを送ったからこそ、夢のようなご縁をいただけたのだ。僕はこれからも、上原さんの一番のファンであり続け、同時に心の師である彼の背中を追い続けるであろう。

本気で会いたい方がいれば、連絡してみよう

さて、憧れの方との思い出話を書き連ねたが、僕は決して自慢をしたいわけではない。会って話を聞きたい方がいれば、遠慮なく連絡してみよう、と皆さんにも伝えたいのだ。もちろん、断られることもあるだろうが、「会いたい」「話を聞きたい」という思いが本気なら、ダメ元でコンタクトしてみよう。連絡先が分からなければ、著名人の連絡先が載っている『マスコミ電話帳』に掲載されている場合がある。それでも分からなければ、その方が本を出している出版社に手紙やメールを送れば、本人に転送してくれる。もしかしたら返事をくださり、僕のように会っていただけることもあるだろう。

遠慮する必要などない。なぜなら、物書きとして何とか食えるようになった今、つくづく思うことがあるからだ。それは、誰しも若手のときは、先輩にお世話になった経験があるということ。自分が成長したとき、後輩が頼ってきたら、そのときに快く応じることこそ、先輩への恩返しなのだ。きっと上原さんも、若い頃は先輩たちにお世話になったはず。だからこそ、僕などに会ってくださったに違いないのだ。

僕はこれから先、どんなに忙しくても、頼って来てくれる若者がいれば、決して突き返

すことはしない。時間が許す限り、応えたいと思う。それが上原さんら先輩への恩返しになり、新たな物書きの育成にも繋がって、ひいては出版文化を支えることにもなるのだから。

もう一人の師・北尾トロさん

ノンフィクションライターの北尾トロさんにも、物書きとしてビシビシ鍛えていただいた。北尾さんはベストセラーになった裁判の傍聴日記『裁判長！　ここは懲役4年でどうすか』をはじめ、多くの著書を出しているライターだ。ノンフィクション、といっても社会派ではなく、人がしないようなことに全力で取り組み、レポートするスタイルを得意としている。

「宮脇書店」という書店が、四国に約80店舗（当時）を展開していると聞くと、「じゃあお遍路をしよう」と北尾さん。実際にお遍路の格好をして、納経帳も購入し、四国の宮脇書店を回ってハンコをもらう企画を、連載している雑誌『ダ・ヴィンチ』で行った。もし宮脇書店について書きたいのなら、社長や広報にインタビューするのが一般的で手っ取り早いだろう。だがあえてそうせず、誰もやらないような方法で宮脇書店を紹介したのだ。

また若手の頃、ある雑誌で「ダッチワイフと暮らす企画」を編集者から提案された北尾さんは、「そんなの面白くない、もっと過剰じゃないとダメだ、例えば……」と逆提案。1万円、3万円、7万円のダッチワイフを買い、それぞれ比較しながら、同居生活の一部始終をルポルタージュした。ダッチワイフの購入費は自腹。原稿料は全て飛んだそうだが、そんなことより記事としての面白さを優先するところが真骨頂だ。北尾さんには『全力でスローボールを投げる』という著書があるが、そのタイトルの通り、しょうもないことこそ本気でやらないと面白くならない、という信条を持っている。

そんな北尾さんのファンでもあった僕は、ZINE（いわゆるリトルプレス、小冊子、同人誌のこと）を作るワークショップに北尾さんが講師で来ると知り、すぐさま申し込んだ。当日、ワークショップには集中できなかった。何せ、本を通してしか知らなかった北尾さんが目の前にいるのだから。ワークショップが終了に近づいたタイミングで、僕は北尾さんのファンであり、物書きであることを伝え、名刺交換していただいた。

一流ライターたちとのガチ勝負にエントリー

当時、北尾さんは『レポ』という季刊発行のノンフィクション雑誌を創刊したばかりだった。コンセプトは「読んでも人生の役に立たないノンフィクションが満載。ジャーナリスト魂とは無縁の、マニアックな視点、とぼけた風味、イイ腰の引け具合、を大事にします」と、まさに北尾イズムが詰まっている。

執筆陣は北尾さんをはじめ、コラムニストのえのきどいちろうさん、書評家の豊崎由美さん・杉江松恋さん、ノンフィクション作家の東良美季さん・川内有緒さん、漫画家のやまだないとさんなど、そうそうたるメンバーが揃っている。一方で、面白い企画さえ出せば若手ライターにも執筆のチャンスを与えるという、登竜門のような雑誌なのだ。

その背景には、紙媒体で若手ライターの書く場所が減っていることや、ノンフィクションの市場が小さくなっていることへの、北尾さんの問題意識があった。ベテランにも若手にも平等にチャンスを与え、「面白い人が勝ち」というガチンコ勝負ができる場として、新しい雑誌を創刊したのだった。北尾さんがワークショップの講師として来場したのは、そのＰＲ目的もあったのだ。

『レポ』の話を聞くなり、僕は当然のごとく、ライターとしてすぐ名乗りを上げた。エントリーは、自分の書きたい企画を北尾さんに送ることから始まる。しかし、何度企画を送ってもダメ出しの連続だった。例えば、僕が出したのは「その1億円、どうやって稼いだの？」という企画。当時、ビジネス取材も始めていた僕は、社長の知り合いが少しずつ増えていた。また、取材で知り合ったヤ○ザは不動産売買で儲かり、10億円もの現金を段ボールに入れてある、と言っていた。そういった、1億円以上の資産がある何人かのお金持ちに話を聞き、どうやってお金を貯めたのかをレポートする企画だった。

ところが、北尾さんはばっさり。

「その企画をやるんだったら、コエヌマ君がお金に困っている必要があるよね。お金に執着がある人がやらないと意味がないでしょ？」

確かにその通りだった。取材をして記事にすれば、それなりに面白くはなるだろう。けれど、『レポ』のような〝一筆入魂〟の雑誌で書くからには強い動機、つまり「なぜ自分がこの企画をするのか？」がなければ、単なるネタ記事になってしまう。結果的に、ほかの方の記事に埋もれてしまうだろう。一見ゆるいスタイルでありながら、北尾さんの記事が面白いのは、根底に軸があるからなのだ。

あなたが、なぜ、今、この媒体で、この企画をするのか。

北尾さんはその問いに対し、明確な回答を出した上で、記事を書いているのだ。僕が企画を立てる際、この考えは今でも深く根付いている。こんなダメ出しをされたこともあった。全くモテない僕が、かつて恋愛マニュアルを書いたことは前述の通りだ。そのときの経験を生かし、自分の作った恋愛マニュアルや、世の中に出回っている恋愛マニュアルを実践して、本当に成果が出るのかを検証する企画だ。だが、企画内容はともかく、企画書の最後に書いた一文が北尾さんの逆鱗に触れた。

「これは最悪だよ！」

その一文とは、「モテるというのは、あくまで付加価値。あなたが本当にしたいことをする過程の中にこそ、幸せは存在する。もう一度自分を見つめなおし、モテマニュアルなどに過剰な期待を寄せず、自分の足で一歩一歩進むべし！　ということを、本記事を通して伝えたいです」というもの。北尾さんが怒ったのは、ノンフィクションという分野にもかかわらず、最初からゴールを設定したからだった。

「最初からゴールを決めて、そこに向かって進むっていうのが一番嫌いなやり方。面白くなる余地なんてなくなっちゃう。面白いことなんて絶対にできっこないよ！」

北尾さんは声を大にしてそう言った。僕はまたしても心を折られたのだった。

結局、僕がたどり着いたのは、本当に書きたいと思う題材だった。選んだのは大好きなプロレスのデスマッチで、カリスマ的な存在である葛西純選手への密着取材記事。マニアックに思われることが多いデスマッチだが、その面白さやレスラーの生き様が普遍的であり、必ずファン以外の心にも響くことを、記事を通じて伝えたかった。ようやく北尾さんからOKをいただき、執筆した4ページの原稿は、今でも僕のベスト記事の一つとして残っている。北尾さんからも「いい原稿だよ」と言われ、当初3ページの予定を4ページに拡大してくださったのは、忘れられない思い出である。

このような貴重な経験や出会いに恵まれたのも、身の程知らずに図々しく、チャンスに向かってどん欲に行動したからだと思っている。今の僕があるのは北尾さんのおかげで、間違いなく心の師の一人である。

実績を積める場所はいくらでもある

若手ライターが実績を積むための手段はたくさんある。サークルでも市民団体でも何でもいい。経験や実績を積めそうなところであれば、積極的に参加してみよう。僕も駆け出しの頃、地域ガイド系のフリーペーパーやＷｅｂサイトを運営している団体に入り、ライターをさせてもらったことがある。ボランティアではあるが、経験や実績にはなるし、たくさんの人と出会うことができる。そこで「ライターです」とＰＲしておけば、何かあったときに声がかかることもあるだろう。まずはどんなことでも手を付けてみるといい。やってみて、合わなかったら辞めてしまえばいいだけなのだから、考えるより先に動き出してしまおう。

僕の会社では『月に吠える通信』というＷｅｂマガジンを運営している。本や出版、文学がコンセプトだが、比較的自由で、「面白ければＯＫ！」というスタンスを軸にしている。利益はまるで上がっていないが、「この会社は面白いことをしている」と感じてもらい、ブランディングや宣伝に繋がればと思って運営している。同時に、これからライターを目指す人が、実績や経験を積む場になればとも思っている。

実際、所属しているのは、学生インターンや、空いた時間でライターをしたい社会人が中心。原稿料をきちんと支払う代わりに、プロとして厳しくチェックしているので、実力もしっかり付くと思う。もし実績を積みたい方がいれば、気軽にご連絡いただきたい。

最初は仕事を選ぶな、でも搾取はされるな

インターネットの普及に伴い、素人からライターになるためのハードルは確実に下がっている。試しに、ネットで「ライター　募集」と検索してみてほしい。数えきれないほどの件数がヒットし、その中には「未経験ＯＫ」という募集案件もたくさんあるはずだ。文章一本で生計を立てていくとなると話は別だが、書かせてもらえる場所を見つけるという意味では、確実に間口が広がっているだろう。

クラウドソーシングといって、ネット上で「ライターを探している人」「ライターになりたい人」を繋ぐサービスもあるし、ライター募集情報を発信しているＳＮＳやＷｅｂサイトもある。先ほど挙げた「東京ライターズバンク」というライター向けの情報サイトは、僕もよく活用させてもらった。入会には3万円が必要で、仕事が決まるとギャラの１割が引かれたが、それでもコネが少ない時代には役立った。

一方、間口が広くなって、素人でも参加できるようになった分、原稿料の安い仕事も氾濫している。一記事１００円、というありえない金額の仕事もゴロゴロある。その多くは、アフィリエイト広告をビジネスにしている会社が、ＳＥＯ対策や流入数アップのため、記

事の質をほぼ問わずに募集しているものだ。

実績にも経験にも、収入にもなることも少ないが、とっかかりとしてやってみるのはアリだと僕は思う。実際に僕も、アフィリエイト記事のライターをしたことがある。ライターとして駆け出しの頃、知人から仕事の依頼があった。内容はＷｅｂサイト用の文章。消費者金融を使ったことがない人のために、概要や手続き、注意点などを一記事４００字程度にまとめてほしいという。当時は知らなかったが、その記事には消費者金融サイトへのリンクが張ってあり、読者がそこからキャッシングを申し込むことで、知人にキャッシュバックされるという仕組みになっているのだ。

原稿料は一記事３００円だったが、ライターとして経験を積むためにも、僕は二つ返事で引き受けた。結局、15本ほど記事を書いた。たった４００文字とはいえ、執筆のためのリサーチも必要だったので、一本書きあげるのに3～4時間はかかった。それを15本分こなしても、もらえるお金は５０００円未満。明らかに割に合わず、ライターとしての実績に繋がるとも思えなかった。それでも、続いて依頼された類似する仕事を、僕は引き受けた。そこには、「搾取されっぱなしでたまるか！」「いつか絶対この体験をネタにしてやる！」という思いがあったのだ。

実際、ライターとして少し実績がついた頃、そのときの体験をもとに「なぜ増加？　原稿料１００円のライター」という企画を作り、ある雑誌に提案した。残念ながらボツになってしまったのだが、「自分の経験をネタにできるかどうか」という視点は、今でも重要な行動指針の一つにしている。

目の前の条件や価値だけを見て「損だ」「やらない」と判断するのはもったいない。一歩引いて見たときに、「次の展開に繋がる経験が得られるか？」も意識しよう。そうすれば、条件自体は良くなかったとしても、決して損だとは限らないだろう。これはライターの仕事に限らず、生活全般で出会う可能性のある、あらゆる事象についても同様である。例えば道を歩いていて、「手相の勉強をしているのですが、見せていただけませんか？」と怪しげな人から声をかけられたとき、普通であれば無視して過ぎ去るだろうが、「ライティングのネタにしてやる」という意識があれば、選択肢はその限りではないはずだ。先に書いたが、フリーライターはただでさえ「不安定」「社会的評価の低さ」というハンデがある。であれば、ちょっとくらい傷つくことを恐れず、「何かあればネタにしてやろう」という視点を持った上で、様々な案件にチャレンジすべきだと僕は思う。

実例・取材をすっぽかしたらこうなった

約束を守る、時間に遅れない、など社会人であれば当たり前のことである。しかしライターの世界では、「締め切りに遅れる」を筆頭に、基本的なことを守れない人が実に多い。僕は一緒に仕事をした編集者から、「締め切りをちゃんと守るライターに初めて会いました」と言われたことが一度や二度ではない。締め切り日に原稿を送っただけで感謝されるのは、待ち合わせ場所に時間通りに行っただけで褒められたような、何とも不思議な感じがしたものだった。

ある編集者は、ルーズなライターは多いが、ほかに頼める人がいないため、多少のことは目をつぶって依頼していると話していた。ということは、である。基本的な能力がある上で、締め切りや約束をきっちり守るライターは、新人であっても重宝されるのだ。これまでの実績にあぐらをかき、ルーズになっている経験豊富なベテランライターから、仕事を奪うチャンスは十分にある。しかもベテランは、実績があるため、原稿料も高額なことが多い。一方、どの企業も予算にシビアになっているので、ルーズなくせに高い原稿料を要求するライターは、どんどん淘汰されていくだろう。

……と偉そうに書いているが、僕もたくさんの失敗をした。初めて取引をする編集プロダクションから仕事をもらい、熊本取材に行ったときのこと（先に地方取材の事例で挙げたものだ）。当日は午前7時に羽田空港に集合だったのだが、僕は何を勘違いしたのか、集合が9時だと思い込んでいた。正しい集合時間に気づいたのは、6時50分。編集者から「日差しが強いので、長袖の服を用意しておいたほうがいいですよ」と言われていたため、のんきに自宅のタンスで洋服を選んでいたところだった。

「やばい!!!!!!」

慌てて編集者に連絡をして事情を説明し、羽田へ向かった。飛行機のチケットも取り直しである。しかも取材場所は、熊本駅から車で2時間ほどかかる場所。先に着いたメンバーたちは、レンタカーで取材場所へ向かっていたので、僕はタクシーで追いかけた。もちろん自腹である。結局、飛行機代とタクシー代で、ギャラは全て吹っ飛んだ。失敗を取り返すべく、取材や原稿制作はきっちりしたが、その編プロから二度と依頼が来ることはなかった。

ほかにもある。とあるタレント取材があることを忘れ、新宿の思い出横丁で飲んでいて、すっぽかしてしまったのだ。取材終了時刻になっても、報告が無かったことを心配した編集者から電話があり、一瞬で酔いが冷めた。

「……すみません、すっかり忘れていました、取材に行っていませんでした」

そう答えたときの消えてしまいたい気持ちは、思い出したくもない。怒り狂った編集長から、「もうお前には仕事を頼まん！」と通告され、反省文を書いて何とか許してもらえたのだが、思い出すといまだに冷汗が出る体験である。

過去ではなく〝未来〟で勝負する

常に企画書を持ち歩け。これはある先輩ライターから言われたことだ。編集者は常に斬新な企画を求めているため、会ったときにすぐに提示できるようにしておけ、ということである。

編集者の立場になって考えてみよう。依頼した仕事をこなしてくれるライターも確かに貴重だが、企画も出してくれるライターはなおありがたい存在だろう。編プロを運営し、外注ライターに仕事をお願いすることがある僕からしても、このことは間違いない。またライターにとっても、企画を出すことで実績の少なさを補える。過去ではなく、未来で勝負できるのだ。

さらに言うなら、企画力こそライターの生命線だと僕は思っている。企画作りのコツについては、第7章で改めて解説するが、まずは企画力がとても大事であることだけ認識していただきたい。

では、作った企画を誰に渡せばいいのか。繋がりの無い出版社に送っても、「うちは受け付けていません」と門前払いになることがほとんど。なので、編集者の知り合いを作ってしまうのが一番早い。

これは僕の実体験なのだが、駆け出しの頃、とある有名週刊誌に企画を送った。見てくれたかな、と思いながら編集部に電話をしたところ、「持ち込みは受け付けていません。何かあればこちらから連絡します」と取り付く島もない状態。もちろん、連絡もなかった。

しかししばらくして、その雑誌の編集者と知り合う機会があり、企画を送ってもいいかと聞くと、「いつでも待っています!」との答えだった。顔を合わせるか合わせないか、これは圧倒的な差なのである。仲良くなるかならないかは別に、人はやはり、顔を合わせて話をすると一気に距離が縮まるのだ。なので、まずは編集者の知り合いを作るといいだろう。友人に編集者がいれば頼るべきだし、知り合いづてに紹介してもらうのもいい。この段階では、自分がしたい分野の編集者かどうかは、あまり気にしないようにしよう。まずは実績を作る方が先決であるからだ。

身近に編集者がいなければ、僕が北尾さんにしたように、出版系のイベントやワークショップに参加し、会場にいる編集者に名刺交換をお願いするのもいい。そのときに、「今度、企画を送ってもいいですか？」と聞くと、邪険にはされないはずだ。繋がりの無い出版社に片っ端からメールや電話をしても、良い返事をもらえるのはまれだろう。それよりも顔を合わせることで、はるかに確率が上がる。対面することの大事さは、こういう場面で表れるのだ。

社交性は必須なのか

編集者と繋がるために、社交性が必要だろうか。確かに、社交的な方が有利ではあるが、必須ではないと思っている。僕は子どもの頃から引っ込み思案だ。幼稚園の頃、トイレに行きたくても先生に言い出せず、おもらししてしまったことがあるほど。大人になった今も人見知りは治っておらず、パーティや交流会に行くと必ず〃ぼっち〃になるので、そういった場への参加はあまり得意ではない。

社交性があれば、人脈も増えるだろうが、そもそも人脈とはなんだろう？　例えば、パーティに行ったとする。たくさんの方と名刺交換をしても、それっきりで終わっては、単なる名刺のコレクションが増えただけだ。それが本当の人脈と言えるだろうか。自分が本当に必要としている人と繫がれるか、それが最も重要なことだと思う。

２０１２年、岩波書店が新卒者のエントリー条件として、社員か著者からの「紹介状」を持っている方に限る、と発表した。コネがなければエントリーできないのか、と賛否両論あったが、僕は文句なしに賛成派だ。その人の熱意や問題解決力を試すには、うってつけの方式だろう。僕がもし岩波書店に入りたいけれど、コネが全く無い状態だとしたら。同社の近くにある酒場に通い詰め、社員と繫がりを作って紹介状をもらうと思う。偶然の出会いを待つのではなく、必然をいかに作り出せるか。本当に繫がりたい人と繫がれる力の方が、社交性よりはるかに重要なのである。

次章ではこの「繫がれる力」を活用して、売り込みをする方法について触れていく。

第3章

日本一敷居の低い〝売り込み〟のやり方

メリットを示せば、忙しい編集者も会ってくれる

かつて僕が会社員だった頃、社内に気になる女性がいた。Kさんといって、バンド活動をしている人で、いつも黒っぽい服装にラバーソールを履き、ミステリアスな魅力を放っていた。仲良くなりたいと思っていたのだが、突然会社を辞めてしまい、連絡の術がなくなってしまった。知っているのは、彼女がやっていたバンドのＷｅｂサイトのみ。問い合わせフォームはあるのだが、いきなり連絡するのも気が引ける。

「どうしよう……」と僕がウジウジしていると、ある同僚が言った。

「連絡しちゃえばいいじゃん。連絡先を公開してるってことは、連絡してもいいってことなんだから」

何という都合のいい解釈！　と思ったが、その言葉に背中を押され、僕は問い合わせフォームから連絡した。ちゃんと本人は見てくれるかな、他のバンドメンバーに届いたらどうしよう、とドキドキしながら。結果的に本人から返事があり、個人的な連絡先も交換して、やり取りができるようになったのである。なんだかんだで、結局恋は成就しなかったのだが（涙）。

さて、このようなエピソードを通じて何が言いたいかというと、もし編集者やライターなど、仕事に繋がりそうな相手から名刺をいただけたなら、連絡してもいいと解釈すべきということ。せっかく名刺交換をしてもらったのだから、「忙しいんじゃないか……」「連絡ください、とは言ってたけど、社交辞令なんじゃないか……」といった遠慮は一切無用である。

ただし、売り込みをする相手は忙しい方ばかりだろう。わざわざ時間を割いて付き合ってもらうからには、こちらも相応の手土産を持っていかないといけない。手土産とは、ずばり「相手にとってのメリット」である（まちがっても煎餅などではない）。会ってもらう代わりに、相応の価値を提供しないといけないのだ。

私はあなたにどんな利益を与えることができるか。

それをきちんと示せば、忙しい編集者でも必ず時間を割いて対応してくれるはずだ。

自分を売り込む前に先方のことを知る

試合に勝ちたいなら、まず相手の研究をしないといけない。相手を知ることで、どのような戦略を立てればいいのかが見えてくるからだ。売り込みも同じで、事前にしっかり先方のことを調べよう。

出版社であれば、どのような分野が強いか、どのような代表作（ベストセラーや看板商品）があるか、最近はどのような分野に力を入れているか、などだ。文芸系に強い出版社に、ビジネス書の企画を持ち込んでも、通らないどころか「うちのことを調べもしていないな」と悪印象を与えてしまう。基本的な知識を身に付けた上で、「最近はどんな分野に力を入れていらっしゃいますか」「どのような系統の企画を探していらっしゃいますか？」と、先方の編集者に直接聞いてしまうのもいいだろう。

「うちは40～50代男性向けの週刊誌を出しているんだけど、もっと若い層の読者も広げたい。そこで最近は特集ページを設けるようになって、若者向けの企画にも力を入れていますす」

「ビジネス書を中心に作っていたけれど、最近はフィクション部門も立ち上げて、これからは若手作家を発掘して行く予定です」

など、求めていることを具体的に聞けるからだ。また、売り込みをする会社の歴史や現社長の名前、最近の動向くらいは最低限知っておきたい。「うちのことをよく調べていますね、ぜひお仕事を依頼します」とまではならないだろうが、知っておいて損はないし、マナーだと考えておこう。

同様に、業界ニュースにも日ごろからアンテナを張っておくことをお勧めする。あなたが出版業界で活躍したいのなら出版業界、新聞なら新聞業界、WebならWeb業界、といった風に。その業界にはその業界の共通言語があり、先方はごく当たり前のように「こないだ○○さんがこんな本を出したじゃないですか」「イベントやるなら下北沢B&Bですかね」などと話すことがある。そのときに知識がないと、編集者にいちいち説明させることになるし、話がそこで終わってしまうこともある。「もしドラ（※）みたいな本にしたいんですよね」と編集者が言ったときに、「何ですか、それ?」と答えてしまったら、「それでも本当にライターなの?」と呆れられてしまうだろう。業界ごとの最低限の常識にはついていけるようにしておきたい。

出版系のライターであれば、新聞『新文化』『文化通信』、雑誌『ダ・ヴィンチ』『本の雑誌』あたりを押さえておけば、業界ニュースは押さえられる。ツイッターでも「出版・図書ニュース」などのアカウントがあるので、チェックしておこう。また本屋通いを習慣にする、イベントに定期的に参加して業界人に話を聞く、などして、常にベストセラー本や業界の主要ニュースくらいは把握しておくといいだろう。「名作」「定番」と呼ばれる作品への理解も欠かせない。打ち合わせや会議で、共通言語として名作文学が引き合いに出ることも多いからだ。僕はかつてライターの先輩に、「あらすじ本」を読むことを勧められた。あらすじ本とはその名の通り、日本や海外の名作文学の内容を要約した本のこと。『カラマーゾフの兄弟』も『夜の果てへの旅』も5分で読める、というものだ。こういった本で武装しておくと、業界の人とやり取りする際に「谷崎潤一郎の『痴人の愛』のようだ」「ナボコフの『ロリータ』みたいだね」という話題が出たときにも対応できる。付け焼き刃ではあるが、全く話についていけないよりはマシかもしれない。

※言うまでもないが『もし高校野球の女子マネージャーがドラッカーの『マネジメント』を読んだら』のこと。

凝った名刺も菓子折もいらない

自分のことを印象付けようと、変わった名刺を持ち歩くライターがいる。決して悪いことではないが、忘れてはいけないのは「変わった名刺を持っていますね」と思われるのが目的ではない、ということだ。編集者からすると、変わった名刺を持っているから、という理由で仕事を頼むことはない。「良い仕事をしてくれる」ことが、あなたに依頼する動機なのだ。

同じ理由で、売り込みの時に菓子折を持っていく必要もない。先ほどと同様の理由で、お菓子をくれたから仕事をお願いしよう、となることはありえない。年賀状や暑中見舞いについても同様で、マイナスになることはないが、肝心の仕事で価値提供できなければ、意味がないだろう。編集者にとって本当に大事なことは何か理解し、その上で名刺にこだわるのは全然アリだと思うが、くれぐれも優先順位を間違えないようにしたい。

ちなみに僕は、名刺の裏側にプロフィールを書いてある。人見知りで口下手なのを補うためだ。人によっては、肩書と名前、連絡先だけを書いたシンプルな名刺を持っていて、「いさぎよくて格好いいなぁ……」と思うこともある。名刺はデザインや使い方によって機能するし、ブランディングにもなる。あくまで補完アイテムと理解した上で、有効に使いこなそう。

「これだけは人に負けないこと」は何ですか？

新卒社員は時間をかけて育てられ、力をつけていく。一方でフリーライターは、中途採用に近い。プロ野球でいうと助っ人外国人である。外部の新人ライターを一から育ててくれる会社などそうそうないため、出会った瞬間から「この人と関われば、メリットがあるな」という印象を与えないといけないのだ。

そんなときに武器となるのが、得意分野である。「IT系に詳しい」「ファッションのことなら俺に任せろ」「裏社会に精通している」など、他人にない強みがあれば、ライター経験や実績が少なくても、編集者からは信頼されるだろう。

クマムシ博士こと堀川大樹さんをご存じだろうか。クマムシとは体長0・1〜1ミリ程度の緩歩動物。乾燥時には乾眠《かんみん》という仮死状態になって耐え、水を与えると元通りになる。乾眠状態にはマイナス273度の極寒や100度の高温、ヒトの致死量の1千倍の放射線、水深1万メートルの75倍の圧力、真空など様々な極限的ストレスにも耐えることから、地上最強の生物と呼ばれている。クマムシ博士はその研究をされていて、NASAやパリ第五大学および仏国立衛生医学研究所研究員を務めるなど、すごい経歴を持っている。メディアにも多数出演し、その際はクマムシをかたどった〝クマムシ帽〟をかぶるなど、お茶目な一面もある方だ。

クマムシ博士はライターではないが、もしあなたが編集者で、クマムシにまつわるコラムを書いてほしいと思ったら、真っ先に彼に依頼するだろう。そのときに、「彼はライター経験が無いから無理かな」とは思わないはずだ。専門性には、経験の浅さを飛び越えるほどの強みがある。極端な話、求めているのは文章力ではない。それ以外の価値（知識や知見、経験、エピソード）を期待し、編集者は依頼をするのである。もし文章がおかしければ、編集者がささっと直すだけなのだから。

クマムシ博士ほどの専門性が無くても、あなたが何かしらの強みや得意分野を持っていれば、ライターとしての実績・経験の少なさを補ってくれる強力な武器となる。しかし、新人のうちから得意分野があるライターはなかなかいないだろう。正直、それはそれで全く問題ない。その代わり、自分の好きなことやしたいことを整理し、せめて「どんなライターになりたいか」「どんなことを書きたいか」は、すぐ答えられるようにしておこう。

一つ注意しておきたいのは、奇をてらって人と違うことをしても意味が無い、ということ。「自分には大した得意分野が無いから、あまり人がやってないことをしよう」と変わったことに手を出しても、それは上っ面だけのものになる。一時的に評価されたとしても、長続きはしないだろう。一発芸人がいい例だ。そうならないよう、自分が好きなもの、したいことがあれば、それを軸に膨らませていくのがいいだろう。

僕は得意分野として、ビジネス系、人材系、ノンフィクション系を挙げている。クマムシ博士ほど各分野に精通しているわけでもないが、人と比べる必要はないのだから、自分が得意分野だと思えばそう言い切ってしまおう。その上で、自分の手に負えそうもない依頼が来たら、正直にできないと言えばいいだけだ。ライターとして生きていくために、自分の身の丈をきちんと理解して、できることをコツコツとしながら信頼に繋げていこう。

自分のスタイルを見つけよう

したい分野や得意分野があると、確かに強みになる。けれど、それだけでは差別化にならない。例えばあなたが旅好きで、旅行ライターになりたいとする。「日本の主要な温泉は制覇しました！」「全国のご当地グルメを食べ歩きました！」など、「この人は本当に旅好きなんだ」と周囲を納得させる経験・実績を持っていたとしても、それだけで生き残るのは難しい。

なぜなら、書店に行って旅行関連の棚を見ると、数えきれないほどの旅関連の本が並んでいる。その中には、主要な温泉を制覇したどころか、ローカルな温泉も行きつくしているような、筋金入りのマニアもいるからだ。上には上がいる、というが、実績や経験だけで勝負しようとすると、必ず先駆者がいるのである。しかも、あなたは無名の新人というハンディ付きだ。ライバルたちと差をつけるには、「自分のスタイル」が必要になってくる。

例えば上原隆さんは、「自尊心が粉々になりそうなとき、人はどのように自分を支えるのか」という一貫したテーマを持っている。そのため、様々な年代、性別、職業、状況の人々の記事を書いても、全てにぶれない軸があり、「これぞ上原さんのコラムだ」と思わせてくれる。北尾トロさんにしても、お遍路の格好をして四国の書店を回ったり、ダッチワイフをわざわざ3体買ったりすることから、「本気でふざけたことに取り組む」というスタイルが見えてくるだろう。文章を読んでいて、「これは○○さんが書いた記事だ」とすぐ分かることがあると思う。それは、書き手にスタイルがあるからなのだ。沢木耕太郎さんにも、東海林さだおさんにも、辛酸なめこさんにも、優れた書き手はみんなそれぞれのスタイルがあるのだ。

ここに名を挙げた先輩方と並べるのは大変恐縮ではあるが、僕にもスタイルらしきものがあるとすれば、人物にスポットを当てた文章を書くときに発揮される、「物語性」「構成力」だと思う。僕はビジネス系の分野で、トップ営業マンにスポットを当て、「プロフェッショナル 仕事の流儀」「情熱大陸」のようにドラマチックな記事を書かせてもらっている。これは最も心が躍る仕事の一つだ。今の仕事に携わるきっかけ、転機となった出来事、成功と挫折、仕事への思い、今後のビジョンなどをインタビューし、記事にするのだが、毎回同じような内容だと飽きられてしまうので、構成で変化をつけるようにしている。A→B→C→Dといったスタンダードなパターンだけでなく、A→C→B→DあるいはD→A→B→Cという風に。これは前述した介護専門誌で、連載を持たせていただいた経験が大きい。取材対象者は、介護業界で奮闘している若者たち。人柄は十人十色とはいえ、仕事のやりがいや大変さ、挫折のエピソードを聞くと、ほかの人とかぶっていることが多々ある。それでも毎回変化をつけるように、試行錯誤しているうちに、自然と身に付いていったのだ。

では、自分のスタイルはどのようにして見つければいいのか。はっきり言って、すぐに見つかるものではない。僕のように、マンネリを打破しようと苦悩しているうちに見つかったケースもある。北尾トロさんも、「そういうのはある程度やっていくうちに、自分の好みっていうか、しっくりくるやり方が見つかると思う」とおっしゃっていた。だから、焦る必要はないが、とっかかりとして好きなライターのスタイルを分析し、マネをしてみるのもいいだろう。マネをするのは悪いように思われがちだが、全てを模倣するわけではない。あくまでも大まかな方向性を参考にさせてもらい、そこから細分化された自分のスタイルを見つけられれば、それは立派なオリジナルなのだ。

僕が未経験ライターを社員にしたワケ

僕が運営する編プロの女性ライターは、ライター経験が全くない状態で入社した。実は彼女は、バー月に吠えるの常連客。前職は広告代理店の営業をしていたのが、仕事が辛いと相談を受けていたので、「じゃあうちに来る?」と誘ったのだ。うちは決してお金に余裕があるわけではないし、未経験者よりも即戦力のベテランライターを採用した方が、会社としては正しい選択なのだろう。けれど、なぜ僕があえて彼女を誘ったのか。

彼女は大学生の頃、月に吠えるに初めてやって来た。大学の卒論で、スナック・バーの研究をしており、フィールドワークで様々なお店を回っている中で、うちにも来てくれたのだった。僕が感心したのは、その行動力である。彼女はお酒が強いわけでもなく(1〜2杯飲めばダウンしてしまう)、学生なのでお金もない。知らない酒場に一人で行くのも、なかなか勇気がいるだろう。それでも時間を割き、足とお金を使い、勇気を出して、一人で50〜60軒ものスナックやバーを回ったのだ。

その心意気を買って、飲みに連れて行ったり、知り合いのお店に紹介したりするうちに仲良くなり、ときには店番を手伝ってもらったりするまでになった。そして大学を卒業後、広告代理店で伸び悩んでいたときに、僕の誘いを受けて月に吠えるに転職してくれたのである。

僕が彼女を採用したのは、「何かしてくれるのでは」というワクワクを感じさせてくれたからだった。卒論を書いているときの頑張りを振り返ったとき、ライターという異分野に転職しても、何かしでかしてくれるのではないか、と思われたのだ。前述の通り、素人でも文章が訓練次第で上手くなることは経験上知っていたし、まるで心配していなかった。実際に彼女は、経験の少なさや未熟さから、まだ一人前とは言えないが、0・7人前くらいには成長している。独り立ちまでそれほどかからないだろう。

僕は親バカではないし、自社の社員を自慢したいわけでもない。何を言いたいかというと、僕が彼女から感じたような、「何かしでかしてくれるのでは」というワクワクを、編集者に伝えることが大事なのだ。それは「得意分野」「自分のしたいこと」に打ち込むことで伝わっていく。あなたが本気で打ち込めることがあり、そこに全力で取り組んでいる姿をＰＲできれば、経験を凌駕するほどの強みになるだろう。

「何でもできる」は「何もできない」と同義語

駆け出しで仕事が少ない頃、いろいろな仕事をしたいのは誰でも同じだと思う。けれど、「何でも書きますので、どんな仕事でもください」というのは、ライターにとって弱みでしかない。「何でもできる」というのは、「何もできない」と同義語であるからだ。得意分野があると、その分野では重宝される一方、仕事の幅は確かに狭まる。例えば鉄道ライターに、グルメやビジネスの執筆依頼はこないだろう。しかし、そこを恐れていたら、ライターとしての自分はいつまでも確立できない。

クマムシ博士のような得意分野が無い限り、駆け出しの頃は幅広い経験を積む必要があるし、実際に仕事を選ぶ余裕もないと思う。だがある程度実績を積む中で、自分は将来どうなりたいのか考え、仕事を取捨選択していくことが大事だ。僕もかつては、得意分野であるビジネス系や求人・人材系のほかに、エンタメ系や教育系、医療系など様々な仕事をしていた。それでも徐々に、得意分野以外の割合を減らしていき、今ではほとんどしていない。月に何十万円もの原稿料をもらっていた仕事も、ライターとしてのキャリアを考えてずっと続けるべきではないと感じたときは、思い切って止めてしまった。フリーランスは不安定なので、苦渋の選択ではあった。けれど、辞めたことによってできた時間を、自分がしたい分野での企画作りや売り込みに費やした方が、必ずやライターとしての成長に繋がるだろう。

これは、必殺技を身に付けることに近い。僕の好きなプロレスで説明させてもらうと、相手と闘うための最低限の能力を身に付けた上で、「剛腕ラリアート」「キングコング・ニードロップ」「パールハーバー・スプラッシュ」など、自分にしかできない技を見つけるのが理想的だ。すぐには難しいかと思うが、ライターとして経験を積みながら、使いやすくてしっくりくる技を身に付けよう。

納得できないことがあれば口に出す

新人ライターの場合、極端に安い原稿料や無茶な条件を提示されることもある。「実績になるんだから、無料で書いてよ」と、タダ働きを要求されることもある。とある有名雑誌のWeb版が、こうした誘い文句で、新人ライターを無料で使っていることを知ったときは、そのセコさに愕然としたものだ。しかも、インタビュー場所として喫茶店を使うと、その経費すらライター持ちなのだという。

確かに新人ライターにとって、実績は必要だ。特に有名な媒体であれば、自分のブランディングにも繋がる。しかし、何でもかんでも受けるのは得策ではない。はっきり言って、相手に都合よく搾取されるだけである。使われるのではなく、こちらが利用してやるくらいの気持ちを持つべきだ。例えば、この仕事を受けることで、自分にはどのようなメリットとデメリットがあるか。総合的に考えて、メリットの方が大きいと感じたときのみ、受けるようにしよう。

また。どうしても納得できないことがあったら、口に出す勇気を持ちたい。「ライター業界のことは分からないから、これが常識なのかも……」と思う前に、社会人として持ち合わせている常識でも考えてみよう。駆け出しの頃、占いの仕事を受けたことがあった。資料に基づいて、今月の運勢、というのを作成するのだ。ところがそのクライアントは、とにかく無茶な要求が多かった。夕方に突然連絡があったかと思えば、「８０００文字の原稿を明日の朝まで！」と、こちらの都合も聞かずに、当たり前のように言い放つのである。何とか原稿を書き上げてメールで送っても、受け取りました、という連絡すらない。そのくせ、唐突に電話をしてきては、「明日の朝までに直して」と指示がある。仕事を選べる立場ではなかったので、こちらも文句を言わずに対応していたが、同じことが何度も続いたとき、さすがに我慢できなくなった。クライアントに電話をし、「そんな納期じゃできません。もしくはギャラを上げてください」と伝えたのだ。もしこのことが原因で切られたとしたら、それはそれでいいやと思った。無茶な要求に耐えられるなら、初めから会社員をやっている。辛い思いまでして、フリーランスとしてやっていく意味はないからだ。すると、クライアントである50代の編プロ社長はこう言った。

「分かりました、こちらこそ無茶なことを押し付けて申し訳なかった。私も初心を思い出しましたよ」

そのように理解し、ギャラを上げてくれたのだった。僕の行動が正しかったのかどうかは、わからない。ただ一つ、フリーランスになったからには、自由という特権を大事にするべきだ。嫌なことを我慢するのであれば、安定している分、会社員の方がよっぽどいいだろう。自分の心に嘘をつかない行動をすることで、ストレスなく仕事をでき、いい結果が生まれるのだ。フリーランスであるのなら、そういうサイクルを生み出せる環境を何より大事にしたい。

口コミこそ最強の営業ツール

無名の新人ライターにとって、自分をＰＲすることは大事だ。まずは自分の存在を知ってもらわないと、スタートラインにすら立てないからだ。つまり、営業活動である。売り込みをしたり、交流会など人が集まる場所に顔を出したりと、多くの人と接点を持つことも大事だが、最も重要なのは口コミである。前述の通り、編集者は常に良いライターを探している。そして、編集者同士は横のつながりを持っていることが多い。

「あのライターさん、良いよ」という評価がもらえれば、すぐに仕事に繋がることもしばしばだ。そのために必要なのは、当たり前だが、信頼されるような仕事をし続けることである。一般常識を持ち、礼儀正しく、常に一定以上の質の原稿を書き、「この人に任せれば安心!」と思ってもらえることが大事だ。

それには、地道な努力が必要だし、ある程度の期間もかかる。けれど、そこまでたどり着けば、営業をしなくても仕事が舞い込んでくるようになるだろう。結局、口コミは最強の営業ツールなのだ。

ビズリーチ社長・南さんとの出会い

忘れられない出会いがある。株式会社ビズリーチの代表取締役である南壮一郎さんとの出会いだ。ビズリーチとは、即戦力人材に特化した会員制転職サイト「ビズリーチ」を運営するインターネット企業。これまで求人広告や人材紹介会社しかなかった採用の世界に、日本初の「ダイレクト・リクルーティング」という、企業が主体的に採用活動を行える新しい価値観や文化を見出したベンチャーである。常識を覆すようなサービスは、当時「そんなサービスはうまくいかない」「絶対に失敗する」と言われていたが、今では会員数が70万人、利用企業数5000社超と、すっかり世の中に定着している。ほかにも、人工知能搭載の転職サイト「キャリアトレック」、企業も求職者も無料で利用できることから求人版Ｇｏｏｇｌｅといわれている求人検索エンジン「スタンバイ」など、画期的なサービスを発表し続けてきた。

僕が南さんと出会った２００９年、ビズリーチのオフィスは渋谷のマンションの一室で、社員２名とボランティアスタッフしかいない状態だった。しかし、今では巨大なオフィスビルに移り、従業員も６００名以上に急成長している。南さんも日本を代表する若手起業家として、ダボス会議に出席したり、内閣府や文部科学省の民間委員を務めたりと、華々しい活躍をしているのだ。

そんな南さんは、アメリカの大学を卒業後、外資系投資銀行での勤務を経て、楽天イーグルスの創業メンバーとなった。２００４年の球界再編問題で、近鉄バファローズの消滅に伴い、イーグルスがパ・リーグに新規参入。社会的なニュースとなったので、覚えている方も多いだろう。まさにその真っただ中で奮闘し、プロ野球界の常識にとらわれない発想で、地域に愛される球団にしたほか、初年度から不可能と言われていた黒字化に貢献したのだ。

その南さんが、あるビジネス系のメディアで、イーグルスの創業ストーリーを連載することになり、記事作成の手伝いができるライターを探しているということで、知人に紹介されたのが出会いだった。

「うちも立ち上げたばっかりの何もない会社だから、同じような境遇で、一緒に成長していける若手のライターがいいなと思っているんですよ」

打ち合わせのためオフィスにお邪魔した僕に、南さんはフレンドリーな笑顔や口調でそう言った。事前に南さんのすごい経歴を知っており、僕はガチガチに緊張していたのだが、すぐに緊張がほぐれた。そしてリラックスした雰囲気のまま、いよいよ仕事の話になった。

「じゃあ、簡単なテストをさせてもらいますね。僕がイーグルスにいた頃の、本拠地開幕戦のエピソードを話すので、試しにちょっと書いてみてください」

「えっ、今からですか⁉」

この日は打ち合わせのみだと思い込んでいた僕は、全く心の準備をしていなかった。突然の展開に焦ったが、すぐに頭も体も取材モードに切り替わった。ブログで取材経験を積んでいたため、質問も自然と口を突いて出た。スポーツではないが、何度も繰り返したことは体が覚え、いざというときに自然と動いてくれるのだと身をもって知った。その後、家に帰り、すぐに原稿を書いて送ったところ、「いい文章ですね！　これからぜひお願いしたいです」と採用していただいたのだ。それから3ヵ月間、週1回約2時間かけてインタビューを行っていった。

南さんの経歴を深掘りするうちに、どんどんその生きざまに魅了されていった。最も刺激を受けたのは、何といっても突破力だ。南さんは幼稚園から中1までを、父親の海外転勤に伴いカナダで過ごした後、地元・静岡の公立中学校、高校に通い始めた。高校は地元の進学校で、東大や京大を目指すのが当たり前とされていたが、南さんはその流れに乗らなかった。高校2年生の春休みに、たまたま本屋で手に取った雑誌の「世界の大学ランキング」という記事で、東大が40位台にランキングされていた。それを見て、「日本では一番の学校が、世界ではこんな順位なんだ。世界はやっぱり広いなぁ。だったらもっと上を目指してみたい」と、アメリカの大学受験を決意したのだ。当時はインターネットも普及しておらず、情報を集めるには自分で行動するしかない。南さんは、アメリカの大学受験ではSAT（大学進学適性試験）のテスト結果が必要であることを調べ、静岡から往復12時間掛けて東京のテスト対策の予備校に通ったり、英文成績表が存在しないため、自分で不慣れなワープロを利用して翻訳版を作成したりして、見事アメリカのトップ大学のひとつであるタフツ大学に入学したのだった。

卒業後は外資系投資銀行に入社するも、子供のころからの夢だった「メジャーリーグのオーナーになる」という夢を捨てきれず、スポーツビジネスの世界への転身を目指す。まず南さんがしたのは、メジャーリーグ全球団に「自分を雇ってほしい」と手紙を出したことだった。ある球団から「今は仕事がないが、もし近くに来る機会があったらぜひ連絡してください」という社交辞令の返事が来たら、すぐさま現地へ飛び、「近くに来ました、ぜひ話だけでも聞かせてください」と電話する。球団幹部もあっけに取られるほどの行動力の持ち主なのだ。

3ヵ月間に及ぶ取材が終わり、全てを原稿にして送った。読み返した南さんが、「涙が出ました」と言ってくれたときは、原稿料には代えられない最高の喜びを感じた。その後も、南さんの著書づくりに関わらせていただいたり、ライティングが必要な仕事を依頼してくださったり、ライターを探している出版社を紹介してくださったりと、本当にお世話になっている。ビズリーチの社名には、「手を伸ばしてチャンスをつかむ」という意味を込めているのだそうだ。人からの紹介が、このような素晴らしい縁を生み出すこともある。これからもチャンスに直面したとき、取りこぼさないようにしっかりつかみたいものだ。

第4章　スクールだけじゃない、ライターの学び場

ライタースクールってどうなの？

世の中にはたくさんのライタースクールがある。期間や金額、講師、カリキュラムは様々だが、実際に役に立つのだろうか。何を隠そう、僕も通っていたことがある。ライタースクールの中ではおそらく一～二番目に大きくて有名な講座で、有名ライターや編集者、芥川賞作家、さらに印刷・校正校閲関係者、プロデューサーなど、出版に関わる様々な分野のプロが毎回違う講師として訪れる。期間は半年間、授業は全32回。金額は約16万円だった。

授業自体は、正直に言うと微妙だった。確かに勉強になったこともあったし、何も得られなかったとは思わないが、ライターに必要な経験やスキルは、やはり実践を通じてでないと身に付かない。講座を受けても、いわば机上の理論でしかないのだ。宿題や課題もあったが、回数は数える程度で、大して経験値は積めない。

本書の読者に会社員の方もいると思うが、外部講師を招いて「コンプライアンス」「情報漏えい防止」などの研修を受けたことがあるだろう。でも正直、きちんと理解できたかどうかといったら、微妙ではないだろうか？　数時間の座学を受けただけでは、一週間もすれば忘れてしまう。それと同じで、スクールはライターを目指す人にとって、とっかかりとしてはアリだと思うが、すぐに何かが身に付く、と期待はしない方がいい。

とはいえ、僕はスクールに否定的ではない。能動的に学ぶ姿勢を持っているのであれば、ぜひ行った方がいいと思う。なぜなら自分次第で、「受講料が高いか安いか」「どんなことを学べるか」は大きく変わるからだ。例えば、何となく授業に参加して、何となく課題をこなしているだけでは、16万円という受講料は高いだろう。身に付くことは少ないし、行っても損をするだけだ。ただ、授業の内容以外でも、疑問点や気になることを積極的に講師に聞き、ライターとしての糧にできれば、受講料は安いはずだ。さらに、講師と連絡先を交換するなどして繋がりを持てれば、そこから仕事に発展する可能性もあるし、有力な人脈に結びつくこともある。スクールが終わっても、困ったときに相談に乗ってもらえることもあるだろう。

実際に僕も、メールアドレスを教えてくださった講師の方に、相談に乗っていただいたことがある。スクールを卒業した後だったので、本来は答える義務がないはずだが、講師の方は親切にご返事をくださった。しかも、悩んでいたことを一発で解消してくれるような回答だったので、相談してよかったと心から思ったものだった。

講師たちは基本的に、ギャランティをもらって来ている外部の方ばかりだ。ライタースクールとはそれ以上の利害関係がないので、生徒たちと授業以外でもやり取りすることに規制はないはず。であれば、積極的に繋がりを作り、何かあれば遠慮なく相談してしまおう。

街頭で配られているティッシュを大量にもらったり、スーパーの試食コーナーで腹を満たそうとしたりするのは、常識外れな行動かもしれない。しかし、ライタースクールに通うのであれば、そのくらいの図々しさや図太さを持ち合わせた上で行くべきだ。そうすれば、16万円の授業料で、50万円分や１００万円分もの価値を得られるだろう。

ワークショップやセミナー情報もこまめにチェック

第2章で、編集者との繋がりを作るために、出版系のイベントに参加することをお勧めした。参加することで、人脈以外にも得られるものはたくさんあるので、駆け出しの頃は積極的に参加しよう。イベントを見つけるときにお勧めなのは、「Ｐｅａｔｉｘ」というＷｅｂサービスだ。イベント情報が多数登録されており、中には出版や編集、ライター系のイベント情報も多数あるので、ぜひ登録しておこう。一度登録すれば、次回からは同じようなイベント情報をメールで告知してくれるので、取りこぼしが無い。

僕の場合は、東京・西荻窪で本関連のイベントを行う「西荻ブックマーク」、本に限らず様々な講義を行っている「シブヤ大学」などのサイトを定期的にチェックし、興味のあるイベントに参加していた。あなたが住んでいる地域でも、ライターに役立つイベントを開催している場所があるか、探してみよう。

駆け出しの頃は時間とお金が許す限り、ライターとして何かを得られそうなイベントであれば、手あたり次第に参加するのがいいと思う。自分の目指すべき方向が分かってきたら、徐々に絞っていくのが効率的だ。そういう意味で、僕は出版・ライター系のイベントに行く回数は減ったが、「この人が出るなら行こう」と思える方がいる。ミシマ社の三島邦弘社長だ。ミシマ社は2006年に自由が丘で設立した出版社。取次を通さない直取引、出版点数が増え続ける時代に逆行するかのような「一冊入魂」など、独自のスタイルで本づくりに情熱を注ぎ続けている。

「血の通った本をつくり、しっかりと読者に届けたい」

「ひとつひとつの活動が、未来の出版を築く一歩でありたい」

当たり前のようであるが、出版業界の構造やビジネスモデル上、なかなか実践するのが難しいことを実践し、しかも経営的に成立させている、稀有な出版社なのだ。同社を設立した経緯や、本づくりへの思いを描いた著書『計画と無計画のあいだ――「自由が丘のほがらかな出版社」の話』は、何度も何度も読み返したものだ。

三島社長にごあいさつさせていただいたのも、イベントが最初だった。通ううちに名前や顔を覚えてくださり、あるとき「プチ文壇バー 月に吠える」に来店してくださった。その際、「京都にオフィスを出したので、関西に来ることがあれば遊びに来てください」と言われたのを、僕は聞き逃さなかった。社交辞令だったのかもしれないが、後日、本当にお邪魔したのだ。ミシマ社の空気を直に感じながら、「一冊入魂」にこだわり続ける同社の仕事術や考えを聞かせていただいたものだった。

ライタースクールに通うとなると、それなりのお金が必要になる。だが単発のイベントやワークショップであれば、数千円で済むことが多い。ここでも「元を取る」意識を持って、ぜひ積極的に参加してほしい。そうすれば、このような素敵なご縁が生まれることもあるだろう。ちなみに「月に吠える」でも、不定期ではあるが、作家やライターを招いての一日店長や、ワークショップを開催している。興味がある方は、ぜひホームページをチエックしてほしい（宣伝すみません）。

僕にとっては酒場もスクールだった

本人に意欲があれば、どんな場所であっても学び場となる。そういう意味では、スクールやワークショップも悪くないが、個人的には新宿ゴールデン街で飲み歩くことが、ライターとしての自分の成長に繋がっている。

世の中の多くの方は、日常生活で顔を合わせるのは決まったメンバーだろう。会社であれば上司や同僚、学校であれば先生やクラスメイト、といった風にだ。ところが酒場では、常連さんはいるものの、それ以外にも様々な年代、職業、考え方、性格の方が訪れる。実に多様性があるのだ。僕がバーをやっている新宿ゴールデン街はその典型で、これまでに出会った方は数えきれない。

大企業の社長、中小企業の社長、大学教授、政治家、学生、バックパッカー、アイドル、モデル、俳優、映画監督、小説家、評論家、刑事、医者、自衛隊、傭兵、テレビプロデューサー、カメラマン、雑誌記者、新聞記者、ＡＶ女優、風俗嬢、ストリッパー、左翼、右翼、マルチビジネスの勧誘員、プロレスラー、格闘家、ホームレス、ヤクザ、元ヤクザ、お坊さん、クリスチャン、マジシャン、キャッチ、外国人……そんな人種のるつぼのような空間で、心を閉ざすのではなく、自分から積極的に歩み寄ってみると、思いがけない化学反応が起きるものだ（余談だが、ライタースクール時代の講師がプライベートで飲みに来ていて、偶然隣り合ったことがあった。講座では聞けないような話もたくさん聞けたものである）。

会社や学校という組織の中では、序列があり、自由に意見をする機会がどうしても限られる。しかし酒場では、初対面でも立場や職業、経歴など一切関係なく、人間対人間として接することができる。

全ての人と意見が合うわけではないし、議論になることもある。ただし、その中で新しい発見に出会えることも必ずあるはずだ。それは無形の財産となり、自分を成長させ、視野を広げることに繋がるだろう。

いくら人生経験を積めたとしても、ライターの仕事に結びつかないと意味が無い、と思うだろうか。そんなことはない。あなたという人間と、あなたというライターは同体で、切り離すことはできない。つまり、あなたが成長すれば、それはライターとしての成長を意味する。また酒場で飲むことは、多様性の中でもまれるということにほかならない。すると、いろいろな人の考えや知識を得られると同時に、自分を見つめなおすことができる。リトマス紙は溶液に浸すことで、初めて反応する。逆に言うと、何もしなければ、アルカリ性か酸性か分からないままなのだ。特に、自分が何をしたいのか見つかっていない方、迷っている方は、ぜひ多様性の中に飛び込んでいただきたい。様々な方と触れ合うことで、きっと気づきを得られるはずだ。

僕にとって、自分を成長させてくれる場所は新宿ゴールデン街だったが、皆さんがお住いの近くにもそんなところがきっとあるはずだ。それは酒場ではなく、喫茶店かもしれないし、銭湯やスポーツジムなどかもしれないが、ぜひ足を運んで、自分自身を見つめなおすきっかけにしていただきたい。

クライアントとの関係は対等であるべき

2009年にフリーライターに転向して、僕の人生は変わった。しかし2012年に新宿ゴールデン街でお店を出してからは、さらに劇的に変わった。『会社人生で必要な知恵はすべてマグロ船で学んだ』という本があるが、僕の場合は「人生で必要な知恵はすべてゴールデン街で学んだ」と言っても過言ではない。

飲食チェーン店では、よほどのことが無い限り、顧客起点でサービスを提供する。しかしゴールデン街では、フラットなことが多い（もちろんお店にもよるが）。

「うちが嫌だったら来なければいいだけのこと。ほかにたくさんお店があるんだし。合わないのに無理に来ても、お互い時間がもったいないでしょ」

あるママは、涼しい顔でそう言った。確かにその通りで、僕もゴールデン街でお店をするからには、その考えを大事にしようと思い続けている。単にお金儲けがしたいのなら、大手チェーンのフランチャイズにでもなった方がいい。しかしゴールデン街で店を出すなら、譲れないものがあるのだ。

このスタンスは、ライターにも通ずる。例えば、クライアントとの接し方。僕の立場からすれば、出版社や編プロは、仕事をいただける大事なお客様だ。しかし、だからと言って、言われるがままに仕事をしていてはつまらない。あくまで対等の立場で、言うべきことはきちんと言う。それでもし仕事がなくなったら、それまでの関係性だったと割り切ればいいのだ。もちろん、しっかり敬意を払い、自分自身も謙虚でありつつ、本当に言いたいことがあれば口に出そう。言われるままに仕事をこなすだけなら、フリーになった意味がないし、いわゆる「社畜」と変わらないのだから。

ライバルの存在が自分を成長させる

新宿ゴールデン街はたくさんの文化人が訪れる街だ。現役の作家やライター、編集者なども多く、老若男女たくさんの同業者と出会ってきた。表現者としての考えやタイプも実に様々。飲み交わしながら話をする中で、数えきれないほどの気づきや刺激を受けてきたものだ。その中で、密かにライバルだと思っている出版人が二人いる。世代がほぼ同じで、ライバルであり、飲み仲間であり、ファンであり、彼らが活躍すれば嬉しくて、同時に悔しくて、何とも複雑な思いを抱いてしまう、要は愛してやまない人たちだ。

一人目は、小説家の新庄耕さん。2012年に『狭小邸宅』ですばる文学賞を受賞して小説家デビューした作家だ。あらすじは、ブラックな不動産会社に入社した青年が、結果を出せずに追い詰められていき、一件の成約をきっかけにトップ営業マンに駆け上がるも、同時に喪失感にもさいなまれていくというもの。同作はベストセラーとなり、新庄さんは売れっ子作家としての地位を確立。ネットワークビジネスにハマる人たちを描いた2作目『ニューカルマ』も話題を呼んだ。

彼と出会ったのは「月に吠える」。担当編集者がもともと常連で、作家デビューして間もない頃に新庄さんを連れてきてくれたのだった。僕より年下とは思えないダンディな風貌と、どれだけの人生経験を積んだらこんな境地にたどり着けるのか、と思うほどの風格に圧倒され、最初は「取っつきにくい人だな……」と感じたのを覚えている。しかし、話してみると、他人に壁を作らない「取っつきやすい人」で、お互いノンフィクションライターの沢木耕太郎が好きということもあり、すぐに飲み仲間になった。

親しくなるうちに気づいたのは、新庄さんは売れっ子作家でありながら、非常に謙虚だということ。

「自分の書きたいもの書いて、読みたいやつが読めよ、って言えたらいいんだけど。僕みたいな、そんなにめちゃくちゃ文学に触れてもいない、文章を書いてきていない人間がその世界で勝負するには、工夫しないと残れないので。他の作家さんがやっていないことをやることが大事ですよね」

あるとき、彼はそんなことを話してくれた。作家としての自分の実力を客観的に分析し、その上で世間のニーズも意識して、作品を発表しているのだ。素晴らしい才能の持ち主でありながら、決して天才ではないことを自覚し、小説家という職業を生業にしているクレバーさがある。

同時に、非常に熱い一面も持っている。月に吠えるに来るとき、新庄さんは照れ臭いのか、自分の身分を明かすことをあまり好まない。それでも、時に本気モードになって、作家志望の若者にアドバイスを送っていることがある。その中で、僕が最も心に残っている言葉は、「書こうとしているテーマに対し、いかに情熱を注げるかに尽きる」ということだ。どのような作風であれば売れるか、ほかの作品と差別化を図れるか、ということも意識しつつ、根底に必要なのは情熱である。その考えは、ライターだけではなく、文芸の世界でも共通するのだと思い知らされた。

また彼は、定期的に尻を叩いてくれる存在でもある。僕の最も好きなジャンルはノンフィクションだと先に書いたが、新庄さんは会う度に、「コエヌマさん、ノンフィクション書いてますか?」と聞いてくる。ノンフィクションは市場が狭く、お金にもなりづらい。僕は物書きでありながら、会社経営者でもあるので、スタッフの給料や家賃を確保しないといけないため、どうしても生活のための仕事を優先することになる。なので、「いや、最近は書いていないですよ」と答えるのだが、新庄さんにとっては関係ない。僕に顔を近づけて、「そんなの言い訳っすよ。いいんすか、ジャーナリストがそんなんで。ねぇ、コエヌマさん？」と絡んでくる。何とも迷惑な酔っ払いだが、彼のような売れっ子作家が、このように言ってくれることは、何よりの原動力になる。

それと、とにかく彼は飲兵衛だ。僕も酒に弱い方ではないが、彼と飲むと大抵〝朝までコース〟が確定する。一緒に飲んでいた仲間が一人帰り、二人帰り、僕と新庄さんだけになったことも何度かある。その後は大抵僕が潰れ、途中で逃げ出してしまうのだが、酒への向き合い方一つからしても、物書きとしての姿勢を表しているのかもしれない。

「今この瞬間ひとつのことを死ぬ思いでやりたいからですね。なんとかして半端に生きよう、とは考えない。リスクを負って、とことんやって、死にたい。そういう奴って死に様はだいたいエグイんですよね。でも、長生きする感じもしないし、散々やらかしてきたし……いま生かされてるだけで感謝ですよ」

化け物である。彼には物書きとしても、飲み比べでも勝てているとは思わない。けれどいつか、絶対にぎゃふんと言わせてやりたい存在だ。

もう一人は編集者の井戸隆明さんだ。井戸さんは早稲田大学を卒業後、マニア系のエロ本出版社での勤務を経て独立。ひとりで出版社を立ち上げ、社長兼編集長として、女装系のエロ本やマンガ、ＡＶの製作をしている。長身でさわやかなイケメンだが、作っているのはどぎついエロ本というアンバランスさに、最初は驚いたものだった。井戸さんと出会ったのは、彼が働く新宿ゴールデン街のＷＨＯ《フー》というバー。月に吠えるのお客さんがたまたまその店に行き、「すごく面白い人と会った」と教えてくれたのが縁で、互いの店を行き来したり、飲み歩いたりするようになった。井戸さんは文学や映画やアニメ、アダルトビデオや日活ロマンポルノなど、幅広いカルチャーに精通しているほか、社会科学や人文科学にも詳しく、その知識量に圧倒されたものだった。また、どんな相手とでも言論で渡り合える、頭の回転の早さや哲学も持ち合わせているのだ。

僕は女装に興味が無いが、友人の活動を応援したい気持ちはある。あるとき、彼が作っているエロ本『オトコノコ時代』の最新号を買った。一冊３０００円以上して、その価格に驚いたのを覚えている。

「俺の本の読者は、そんなに多くない。でも、本当に女装が好きなマニアばっかりなんですよ。だから、ちょっとでも手を抜くと、すぐにクレームが殺到するんです」

僕に本を渡しながら、井戸さんはそう言った。コンテンツはヌードグラビア、女装モデルへのインタビュー、女装文化の考察コラム、小説やマンガ、女装系イベントのレポートなど、相当に充実していた。驚いたことに、女装に関心のない僕が見ても、グラビアは綺麗でエッチだと思えたし、読み物ページも興味深く読めた。エロだけでなく、あらゆる面で女装好きの読者が満足するように計算しつくされており、モノづくりとしての完成度の高さを感じ、値段にも納得したものだった。実は井戸さん自身も、女装好き。読者、というより自分自身と向き合い、編集者としてエロ本づくりに本気で向き合い、企画から構成から写真までとことんこだわっているのだ。正直、僕はエロ本を下に見ていたところがあった。ただエロい写真や文章を並べれば成立するのだろう、と思っていたが、完全に価値観が変わったし、エロを下に見ていたそれまでの自分を恥じた。

また彼がすごいのは、自分の作品に「売れるため」「多くの人に手に取ってもらうため」といったマーケティング要素を取り入れることを、意思を持って拒否している点だ。

「本づくりを金儲けのためにやるつもりはないんです。俺は本が好きだし、エロも好きだから、やりたくないことを表現するのは、自分に嘘をつくことになる。聖域を汚しているようで嫌なんですよ。金が無ければバイトでも何でもすればいいし、俺は好きなことだけをやり続けますよ」

そういった意味で、僕と彼は考えが大きく違う。僕は自分の好きなことを軸にしつつ、世間に受け入れられるように形を変え、収益化させるスタイルだ。しかし井戸さんからは、「中途半端」「もっと尖った方がいい」などとよく指摘される。

どちらが正しくて、どちらが間違っているとは言えないが、井戸さんの実直さを見ていると、本当に好きなことに、編集という仕事の全精力を注いでいることが分かる。もちろん、僕もそうなのだが、子供のような純粋さで、より純度が高くモノづくりに取り組んでいるのは、間違いなく彼の方だろう。そういう意味でうらやましいし、刺激も与えてもらっている。

井戸さんはプライベートも豪快で、パチスロや飲み代で一文無しになり、消費者金融でお金を借りることもしばしば。酔っぱらうとテキーラを飲みまくり、だらしなくたるんだ裸体をさらして酔いつぶれてしまうその姿は、「今を全力で楽しむこと」を体現している。すぐに明日のことを考え、守りに入ってしまう僕からすると、正直うらやましい。尊敬もしているし、これからも切磋琢磨していきたい存在だ。

ここで紹介した二人以外にも、僕の周囲にはたくさんの優れた出版人がいる。大きな志を持ち、切磋琢磨できる存在の彼ら彼女らと、僕はこれからの時代の出版文化を担っていきたいと思っている。きっとあなたの周りにも、高い志を持った人がいるだろう。ぜひそういう方たちと語り合い、本音でぶつかり合い、切磋琢磨していただきたい。

大先輩・勝谷誠彦さんとの出会い

ゴールデン街にお店を出したことがきっかけで、物書きの大先輩と知り合えたこともある。かつてテレビ番組「スッキリ!!」「たかじんのそこまで言って委員会」でコメンテーターを務めていた、コラムニストの勝谷誠彦さんだ。勝谷さんは、前述した『レポ』の執筆メンバーである東良美季さんと盟友であり、その縁でレポを購読されていた。たまたま僕が自分のお店について記事を書いた号を、勝谷さんが読んでくださり、いらしてくださったのだ。帽子を深くかぶり、トレードマークのサングラスをかけて現れた勝谷さん。ほかにいたお客さんが気づくまで、僕はまさか本人だとは思わず、ただただ驚いたものだった。最初はほかのお客さんも交えて喋っていたが、やがて一人帰り、二人帰り、お店には僕と勝谷さんだけになった。ライターの仕事について話しているうちに、話題は原稿料や収入になり、ふと勝谷さんが言った。

「私の年収いくらだと思う？」

「え、えーと、○○円くらいですかね」

「ううん、違う」

勝谷さんはニヤリと笑い、ある金額を口にした。なんと、僕が予想した5倍以上だった。

「ライターは食えないと言われてるけど、やり方次第ではこれだけ稼げるんだよ」

勝谷さんがおっしゃっていた「やり方」とは、「自分でメディアを持ちなさい」ということ。勝谷さんは月額900円ほどの有料配信メールを発行している。時事ニュースを勝谷さんの視点で分析し、紹介している内容だ。雑誌など書く場所が少なくなりつつある中でも、これだけで十分に稼いでいるという。その代わり、365日欠かさず、毎朝10時までに5000字の文章を送っている。

勝谷さんは以前、僕も通っていたライタースクールで、講師として呼ばれたことがあるのだそう。そのときに、受講生たちに課題を出した。「私のように、毎日5000字を、一ヵ月間書き続けなさい」と。しかし、達成した生徒は一人もいなかったと嘆いた。勝谷さんはお酒を飲んだ翌日も、旅行や出張で地方に行っても、体調を崩されても、それこそご親族に不幸があった日も、決して休むことなく文章を読者に届けているのだ。もちろん、コラムニストとしてテレビ出演するなど、知名度も武器になっている。しかし、何より大変な「継続する」ということを続けているからこそ、支持する読者もたくさんおり、収入に繋がっているのだと気づかされた。

勝谷さんといえばお酒好きで、辛口キャラとして知られている。ゴールデン街のような場所で、お酒を飲んで議論するのが好きかと思いきや、意外にも「ゴールデン街は嫌いなんだよ」という。その理由に目からうろこが落ちた。

「ゴールデン街って、ライターがいっぱい来るけど、お酒飲んで気が大きくなって、どうでもよくなって、締め切り守らないような奴がいっぱいいるでしょ？　そういう奴が大嫌いなんだよ。それでもプロか、って思うね」

確かに、お酒を飲んでワイワイやっていると、「終電逃したけどいいや!」「妻の誕生日だけどいいや!」「明日は朝から会議だけどいいや!」と、現実逃避してしまうことがある。今を楽しむ、ということも大事だが、逆に言うと居心地の良い方を選んでしまう、弱さに負けてしまうということでもあるのだ。その結果、仕事の質を落としたり、周囲に迷惑をかけたりすることに対し、プロとして疑問符をつけているのだ。

勝谷さんは同時に、警鐘を鳴らしているのだと思う。出版不況を言い訳にし、「ライターが食えない時代になった」とクダを巻き、自堕落になって落ちぶれていく人。外的要因のせいにすることで、自分の怠惰さを正当化している人に対して。実際に勝谷さんのように、やるべきことをきっちりしている方は、不況であろうが何であろうが、しっかりと収入を得られているのだ。プロたるストイックさ、シビアさを感じたものだった。

あなたもライターとして絶対になりあがりたい、何としても食っていきたい、という思いがあるのなら、勝谷さんのように、ライティングを生活の中心に置くべきだろう。親の死に目にも会わない、というのは極端かもしれないが、それくらいの覚悟は持ちたい。

駆け出しライターはどんなバイトをするべきか

駆け出しのライターは、それだけで生計を立てるのは難しい。アルバイトなど、他の仕事もする必要があるだろう。その際、自分がどんな分野のライターとして活躍したいか、明確にすべきである。それによって、アルバイトの探し方も変わるからだ。ビジネス系のライターを目指すなら、平日の日中に時間が取れないと難しい。企業取材は、平日の日中に行うことがほとんどであるからだ。エンタメ系のライターを目指すなら、イベントが集中する土日を空けるなど、媒体の特性に合わせて時間を作れるバイトを探すとよい。いずれにせよ、日中に時間を取れないと、ライターとしてやっていく上でハンデになってしまう。

前述したが、僕も駆け出しの頃は、深夜に新聞社で編集アシスタントをしていた。深夜であれば、日中に取材があっても空けられるからだ。新宿ゴールデン街でも、ライターや編集者をしながら、たまにバイトで働いている人がたくさんいる。いろいろな人と出会い、面白い経験を積めるのが魅力なのだろう。僕も大学生の頃にゴールデン街を知っていたら、きっとバイトをしていたと思う。このような夜のバイトか、もしくはライター活動を応援してくれて、急きょ取材が入ってもシフト変更などに応じてくれる、理解あるバイトがいいだろう。例えば新宿ゴールデン街とか（笑）。

第5章　文章が上手くなるたった一つの方法

良い文章とは目的達成のために機能する文章

文章力は、訓練次第でいくらでも磨くことができる。プロのライターとしてやっていく上で、問題ないレベルまで誰でも到達可能だ。例えるなら、パラパラのチャーハンを作るようなもの。決して簡単ではないが、特殊技能というほどでもない。

そもそも、良い文章とはなんだろう。分かりやすい文章、美しい文章、面白い文章……様々な意見がありそうだが、先に答えを書いてしまうと、「目的を達成するために機能する文章」のことである。ライターは作家や詩人と全く違い、芸術家ではない。課題解決のためのツールとして、文章を扱うプロなのだ。

グルメガイドであれば、その店を紹介する記事を書いたことで、お客さんが増える。求人広告であれば、求めている人材を採用できる。謝罪文であれば、受け取った人が許してしまう、など。文章には必ず目的があるのだ。そう考えると、良い文章を書くための答えはおのずと見えてくる。まず、ゴール地点をしっかり定めること。そして逆算し、どのような構成、内容にするか決めていくのだ。

前章で、北尾トロさんから「ゴールを決めてそこに向かうのは最低」と言われた、と書いた。確かに、ノンフィクションであればその通りである。かつて「ほこ×たて」という、プロ同士のガチンコ勝負を売りにしていた番組があったが、やらせが発覚して打ち切りになった。ノンフィクションという性質の記事でゴールを設定するとは、まさにそういうことであるし、用意したストーリーにあてはめることで、面白くなる要素を全て排除することにもなるのだ。

しかし、一般的なライターの仕事では逆になる。雑誌でも新聞でもテレビでもそうだが、必ずテーマがある。「新社会人、これだけは知っておきたいルールとマナー」という特集を組むのであれば、これから社会人になる読者が読んで、実際に役に立つ内容でなければいけない。「年収300万円で裕福に暮らす方法」というテーマであれば、その内容に沿っている必要がある。本書であれば、「未経験の方がライターになり、お金を稼げるようになる」ことである。まずゴール（読者がその文章を読んだことでどうなるか）を設定し、それを実現するための内容を考え、文章を組み立てていくのだ。

この辺りのテクニックを詳しく解説してあるのが、山田ズーニーさんの『伝わる・揺さぶる！　文章を書く』という本だ。目的達成のためにどのような文章を書けばいいか、という観点から見たとき、この本ほど詳しく解説してある一冊はほかにない。ライターを目指す方であれば必ず読んでいただきたい名著である。なのでこの章では、山田さんの本では触れられていない方法論で、僕が必要だと思うものを紹介することにする。

赤字は編集者からの愛である

文章が上手くなるには、「文章読本」を読んだり、名文を書き写したりと、様々な方法がある。しかし、僕はたった一つしかないと考えている。それは、とにかく書くことだ。書いて人に読んでもらい、ダメ出しされる。その繰り返しでしか文章は上手くならない、間違いなく。

大事なのは、赤字を素直に受け入れることである。僕も駆け出しの頃、編集者に散々赤字を入れられてきた。かつて、自分のことを天才作家だと思っていた僕にとって、赤字は屈辱以外の何物でもなかった。けれど、指摘された内容はほとんど正しかった。修正をした後は、必ずぐっと良い文章になったものだった。知り合いの編集者が、「赤字は愛」という名言(?)を残している。もし救いようのない文章をライターが送ってきたら、編集者が自分で書き直して、二度と依頼をしないだろう。そうではなく、きちんと指摘してあげることで、原稿も書き手も良くしたいという思い、すなわち愛が込められている。少なくとも新人のうちは、素直に耳を傾ける謙虚さが必要だ。そこで指摘された内容を、次は気を付けて書くようになるうちに、文章は上達していくはずである。

ただし、編集者によって赤字の内容が異なることは当たり前にある。A社とB社では方針が異なるし、A社の中であっても、編集者Cと編集者Dは異なるからだ。そういう意味で、本当に正しい赤字は存在しない、ということも頭に入れておこう。「その指摘はどう考えておかしい」「いや、こうした方が読者に伝わりやすい」など、自分の意見は遠慮なく伝えること。編集者は赤字のプロであるが、文章は数学とちがって一つの解が存在しない。議論をして、より良い文章を一緒に作り上げていく必要があるのだ。ただし、感情論だけで言い返していては何も進展しないので、反論や意見はきちんと論理的に考えて伝えよう。

良い文章も、悪い文章もたくさん読む

文章がうまくなるためには、たくさん書く以外に、たくさん読むことも大事だ。といっ

ても、ただ何となく読んでいては意味が無い。良い文章だと思う記事があれば、「この文章は何が良いのか?」、反対にダメな記事であれば「何がダメなのか?」と、分析しながら読むことを心がけてみよう。できれば、長い文章も短い文章も、満遍なく触れておきたい。限られた枠の中で、最後まで読者を引き付けるために、どのような工夫がされているかを分析しよう。Ｔｗｉｔｔｅｒの１４０文字のつぶやきの中で、人気フォロワーはどのようなことをつぶやいているのか。４００ページを超える分厚い本には、読者を最後まで読ませるどのような工夫があるのか。感覚ではなく、きちんと言語化できるレベルにまで落とし込もう。そうすれば、自分が文章を書く際に応用できるからだ。

ノンフィクションライターであり、エッセイの名手でもある沢木耕太郎さんの作品に、「奇妙なワシ」というエッセイがある。「ワシ、である」という、猛禽類のワシに関する記述で始まるが、内容は自分の呼称である「ワシ」へ。スポーツ新聞の記者が、プロ野球の江夏豊投手に取材した記事で、江夏投手自身の呼称を「ワシ」と書いているが、実際はそんなことはありえない。「ワシ」にすることで、読者にどんな印象を与えようとしているのか……という考察に移る。見事すぎてただ嘆息するしかないほどの名文であるが、ただ酔いしれるだけではいけない。伝えたい主題をいきなり提示するのではなく、言葉遊びを駆使して徐々に迫っていき、読後に「なるほど！」と納得させているんだ……と分析し、構造を理解しよう。すぐに応用できるかはともかく、引き出しの一つとして持っておくことで、必ず強みになるだろう。

文章を読む度にそういう視点を持つことができれば、チラシ、看板、メールなど、目にするすべての文章が教科書になり、糧になるはずだ。

媒体が違っても本質は同じ

媒体によって、文章の書き方は異なってくる。特に紙とＷｅｂでは、ときに純文学と絵本ほど、全く書き方が異なる場合がある。その理由として、ＷｅｂではＳＥＯ対策、つまり検索エンジンにヒットするようなキーワードを、意識的に盛り込むことも求められるからだ。Ｗｅｂマーケティングのプロから、「タイトルが命」と教わったことがある。ユーザーが検索したとき、引っかかりそうなキーワードをいかに組み合わせるか、が大事なのだそう。そのための専用ツールも数多く出回っているほどだ。また画像を多用したり、スマートフォンで読む人のために、改行を多めにしたり、一つのセンテンスを短くしたりと、様々な工夫も必要となる。

とはいえ、紙でもWebでも、「その文章を通じて、読者に伝えたいことは何か?」「実現したい目的はなにか?」という本質は変わらない。極限まで研ぎ澄ませば、言いたいことは一言になるはずだ。それをどのような見せ方で読者に伝えるのか、使い分けるだけのこと。媒体の違いに惑わされ、肝心の本質を見失っては本末転倒である。

またWeb媒体でも、SEO対策を一切せず、記事のコンテンツのみで勝負しているメディアが増えている。SEOを意識するあまり、本質が濁ってしまうことを拒否し、コンテンツを優先しているのだ。

有料か無料か、もある。例えば、有料のWebマガジンやメールマガジンの場合、読者はそのコンテンツを必要としているので、こちらから訴えかけなくても、読んでもらえるだろう。しかし、無料のフリー記事の場合、動機が無いと読んでくれない。そのため、キャッチーな見出しをつけたり、画像を持ってきたりと、工夫が必要なのである。

結論として、紙だからこうでないといけない、Webだからこうする必要がある、という固定概念は捨ててしまおう。それよりも編集者としっかりコミュニケーションを取り、メディアごとの方針を理解して、そこに準じるのが大事だ。

ピタゴラ装置みたいな文章を目指そう

リズム感のある文章、とよく聞く。僕自身、文章を書くときには、音楽的なリズムを意識している。句読点の箇所や、センテンスの長さ、文末表現、音読した時の心地よさなどを総合して組み立てている。しかし、『20歳の自分に受けさせたい文章講義』という本の中で、著者の古賀史健氏は、「リズム感のある文章」を、「論理破たんしていない文章のことである」と分析していた。目からうろこが落ちたようだった。

僕自身もそうだが、文章を書くとき、論理が破たんしていることがある。その原因の多くは、間違った日本語の使い方によるものだ。実例をいくつか紹介したい。

〈例文1〉

プロレスラーは、その筋肉を維持するために、日々過酷なトレーニングを行っている。これは、激しい試合を繰り広げたり観客を魅了したりするのに、鍛え上げられた肉体が必要不可欠である。

この文章の誤りにお気づきだろうか？ 「必要不可欠である」の主語は「(鍛え上げられた）肉体が」であり、「これは」を受ける述語が存在しないため、文法的に成立していないのである。「これは〜ことを示している」という風に、主述がきちんと繋がった文章に直す必要があるのだ。

〈修正例〉

プロレスラーは、その筋肉を維持するために、日々過酷なトレーニングを行っている。これは、激しい試合を繰り広げたり観客を魅了したりするのに、鍛え上げられた肉体が必要不可欠であることを示している。

〈例文2〉

私が生まれた群馬県前橋市には、赤城山や利根川といった自然がたくさんあります。幼い頃、私の実家は農家をしていたので、その日の夕飯のための野菜を畑に採りに行くのは、いつも私の役目でした。

この文章は、接続表現に少々問題がある。「野菜を採りに行くのは私の役目」の理由が、「農家をしていたので」となっているところに、論理的な飛躍があるのだ。「畑に行くのが大好きだったので、夕飯のための野菜を採りに行くのは私の役目」といった文脈であれば、「〜ので」で接続しても問題ないが、それが見えていないこの文章に用いるのは適切ではない。

〈修正例〉

私が生まれた群馬県前橋市には、赤城山や利根川といった自然がたくさんあります。幼い頃、私の実家は農家をしており、その日の夕飯のための野菜を畑に採りに行くのは、いつも私の役目でした。

〈例文3〉

新宿ゴールデン街は戦後に誕生した、歴史ある飲み屋街です。しかし昭和の香りが残る店構えは、当時のままとどめているお店となると、少なくなっているのが現状なのです。

この文章には助詞、いわゆる「てにをは」の誤りがある。使い方を間違うと、この例文のように、たった一文字がその文章全体を破たんさせてしまうことになる。「てにをは」は文章の基本であるため、正しく使えているか自信の無い人は、徹底的に反復して理解していただきたい。

〈修正例〉

新宿ゴールデン街は戦後に誕生した、歴史ある飲み屋街です。しかし昭和の香りが残る店構えを、当時のままとどめているお店となると、少なくなっているのが現状なのです。

このように文章を書く際は、リズムや美しさにこだわる前に、論理的に成立しているかが何より大事なのである。その土台があった上で、情緒や豊かな表現を加えていくべきなのだ。

イメージで言うと、NHK教育テレビ「ピタゴラスイッチ」のピタゴラ装置のようなもの。論理的に緻密に作られているからこそ、全ての仕掛けがきちんと機能し、最後までたどり着いているのだ。どこかで破たんがあると、途中で止まってしまう。文章もそのようにロジカルなものなのだ。

あなたのクセは何ですか？

人にクセがあるように、文章にもクセがある。知り合いのライターに、冒頭を必ず「○月○日は何の日か知っていますか？」「七夕と言えば何を連想しますか？」と疑問形にする人がいた。確かに読者の興味を引き付ける意味で、疑問形は有効ではあるが、毎回使っていては芸が無い。このように自分のクセが自覚できるようになったら、あえて禁止令を出してみよう。

もちろん僕にもクセはある。「ちなみに」「例えば」などを多用してしまうので、本当に必要な時以外は使わないようにしている。また、文章の構成がワンパターンになってしまいがちなので、できるだけ毎回変えている。意識して、あえて普段はしないような書き方、構成にチャレンジしてみよう。

最初は窮屈かもしれないが、ライターとしての引き出しや表現力は確実に広がるだろう。

紋切型の表現は使わない

「海のように青い」「氷のように冷たい」「心臓が飛び出るほど驚いた」……。世の中には、紋切り型と言われる決まりきった表現がたくさんある。共通言語なので分かりやすいし、便利なため、つい頼りがちになってしまう。しかし、プロの書き手ならもう一歩先を行きたいところだ。紋切型と言われる表現をあえて使わず、自分だけのオリジナルな言い回しを使ってみよう。

詩人・萩原朔太郎の孫であり、多摩美術大学教授の萩原朔美さんは、生徒たちにユニークな方法で文章の書き方を教えているという。その内容は、「〇〇のように白い」とお題を出し、〇〇に入る言葉を50名ほどの学生たちが順番に言っていくというもの。誰かがすでに使った言葉はNGだ。「雲のように白い」「雪のように白い」などの定番から、「午後のノートのように白い」「買ったばかりのTシャツのように白い」など様々な比喩が出されていき、全員が言い終わった後、萩原朔美さんはこう言うそうだ。「今、出てきたような表現は、誰でも思いつくようなことだから、使ったらダメだよ」と。

けれど、ただ面白い比喩だけでは文章として機能しない。自分が伝えたいことを、読者にイメージしてもらわないといけないのだ。「おお!」と感心させる面白い発想であると同時に、「なるほど!」と納得できる分かりやすさ・説得力が必要なのだ。

もう一つ、萩原朔美さんから教わったことがある。「表現を通じて、人に共感してもらうには?」という僕の質問に対し、萩原さんは「表現は〝私事〟を〝私たち事〟に変えていく作業なんだ」と答えてくれた。例えば、自分の母親が亡くなった話を書くとする。それは私事ではあるが、思いを込めて丁寧に書いていくことで、読者の共感を集め、私たち事になっていくのだという。そこには普遍性があるからだ。育った環境や価値観、考えはみな異なるが、共通点はたくさんある。母に優しくされた思い出、反抗して悲しませてしまったこと、それでも優しくされたことなど、多くの方が「分かる」と思ってくれるだろう。

萩原さんは、「でも、最初から〝私たち事〟って、『我々は』『人類は』とか言ったらダメ。あくまで私が、って書くべき」とも話してくれた。確かに、主語を世界単位にしてしまうと、「我々は戦争をやめるべきだ」「人類は環境保護をすべきだ」など、当たり前の話しかできない。そのような内容に、読者が改めて心を動かされることはないだろう。

ディテールを描くことを大事にしよう

伝えたいことを読者にアピールするためには、ディテールを描く作業が必要になる。例えば会社の業績が好調であることを伝えたいとき、「5年連続、増収増益」と書いても、ぼやっとしか伝わらない。「5年連続、増収増益。前年比150％超えを毎年達成中」と書き、可能であれば実際の売上金額も明記することで、はじめて好調さが伝わるのだ。寒さを伝えたいときは、「凍えるほど寒い」というような漠然とした表現ではなく、「マイナス40度の寒さ」「バナナで釘が打てるほどの寒さ」の方がイメージしやすくなる。また「花」であれば何の花なのか、「美人」であればどのようなタイプの美人なのか、「素敵な」であればどのように素敵なのか、具体的に描くことを心がけよう。

ただし、一つの記事の中で、全ての描写を細部まで描くと、文字数が膨大になる。また、何を伝えたいのかがぼやけてしまう。記事の主題をしっかりと意識し、そこに関わる部分は具体的かつ丁寧に描くようにしよう。例えばタウン誌でレストランを取材した場合、看板メニューのハンバーグにフォーカスするのであれば、味や素材、香り、音、触感などを丁寧に描く必要がある。看板娘を中心に取り上げるのであれば、その魅力が伝わらないと意味がない。記事を通じて何を伝えたいのかを出発点にし、主役は細かく丁寧に、脇役はほどほどに描くことを意識しよう。

ライティングは翻訳することでもある

「むずかしいことをやさしく、やさしいことをふかく、ふかいことをおもしろく、おもしろいことをまじめに、まじめなことをゆかいに、そしてゆかいなことはあくまでゆかいに」

これは作家の故・井上ひさし氏の言葉だ。人はそもそも、自分が必要としていない文章を読もうとしない。何気なく目にした文章が難しかったり、薄っぺらかったりしたら、読むのを止めてしまうだろう。逆に、たまたま見た文章が面白く、分かりやすく、深い内容だったら。新しい読者を取り込むことにも繋がるはずだ。

では、井上氏のように文章を書くにはどうすればいいのだろう。僕など井上氏の足元にも及ばないが、ポイントは「記事にする題材を自分自身がきちんと理解して消化し、頭の中で変換し、最も適した言葉・文章で届けること」だと思っている。

企業に取材したとする。社長が理念をとつとつと語り、それをそのまま文章にしただけでは、ライター失格である。「だって、社長がこう話したんだから……」というのは、言い訳にならない。

役者はよく、配役になりきるというが、ライターもそれに近い。取材を通じて距離を縮め、想像力を駆使し、取材対象者に１００％に近く同化するのだ。その上で、記事にするときは客観性も大事にする。読者にどのような言葉や文章であれば伝わるのかを考え、分かりやすい言葉に翻訳することで、「むずかしいことをやさしく、やさしいことをふかく……」していくのがライターの介在価値だ。社長が話したことをそのまま文章にするだけなら、素人でもできるし、人工知能でもこなしてしまうだろう。

直接的な表現を使うのは粋でない

これから公開される映画の紹介記事で、「ぜひ劇場に足を運んでください」と結んでいる記事がある。求人原稿では「ぜひご応募ください」と締めくくっている記事を見かけることがある。実は、自分の記事に自信が無いライターほど、こういう傾向がある。内容の薄さを補うために、直接的な言葉を盛り込んでしまうのである。無粋であるし、読者を興ざめさせてしまう恐れもある。記事の中で魅力を十分に表現できていれば、「来てください」「ご応募ください」などの言葉を使わなくても、読者は心を動かされ、自然と行動を起こすだろう。

話題になったマルコメのインスタントみそ汁のアニメCMは、微妙な距離感がある女子高生の娘と父親が主人公だ。受験勉強中の娘が、夜中におなかが減って台所に下りると、夜食のおにぎりが用意されていた。母親が作ったのかと思ったら実は父親。二人は久しぶりに食卓を囲み、インスタントみそ汁をすすりながら、父の握った不揃いなおにぎりを食べる……というもの。本来は主役であるインスタントみそ汁を、絶妙なさりげなさで登場させ、心温まるドラマに仕上げているのだ。クリエイティビティにあふれているし、控えめなところに〝わびさび〟も感じる。これはCMの話なので、ライターが書く記事とは単純に比較できないが、間接的な表現で粋にPRをするという観点では、非常に参考になる例である。文章でも人生でも、できれば粋な方がいい。

小手先の技術は二の次

僕は子供のころから、文章を書くのが得意だった。作文を書かせれば真っ先に書き終わり、先生にも褒められた。広告代理店で働いていた頃も、自分の仕事を先に片づけた後、まだ終わっていない同僚の手伝いをするのが日課だった。誤解を恐れずに言うと、僕は「文章が上手い」と思われていた。ただ、実は自分で気づいていた。僕の文章は、小手先のテクニックだけを駆使して書かれた、中身のないものばかりだったのだ。

次の文章を一読していただきたい。

チューニングの狂ったフォークギターで、シムラがブルースを弾いている。殴りつけるような荒々しいストロークの際に生じるノイズと不協和音、それに不揃いなリズムのため、その演奏はとても曲には聞こえない。だが彼はそんなことを少しも気にするでも無く、力いっぱい弦を弾き、喉の奥から絞り出すような声で歌う。（中略）シムラは歌と演奏を止めようとしない。彼の顔に浮かんだ幾粒もの汗が、首筋を伝って次々と落ちてゆく。汗の雫は胸元へ流れつくと、太い銀色のネックレスにぶつかって弾けて消える。スズキがちらりと顔を上げ、床にある吸殻で溢れた灰皿に目をやる。燃えさしから立ち上る大量の紫煙は六畳一間の室内に広がり、開け放された二階の窓から嘔吐のように溢れ出て、八月の風一つ無い真夏の大気に消えてゆく。どこかで蟬が鳴いている。だがその声はシムラの歌と演奏にかき消されて三人には届かない。

これは僕が作家を目指していた頃に書いた小説の一文だ。作家・村上龍の『限りなく透明に近いブルー』のコピー以外の何物でもない。何となく、村上龍っぽさは出ているかもしれないが、中身が全くない。このような描写が延々と続いていき、唐突に物語が終わるだけなのだ。そう、僕にはアイデンティティというものが無かった。だから、それをごまかすために小手先を駆使していたのだ。これはライター、というより、表現者として致命的である。技術はプロとして必要だが、そんなものは二の次だと思っている。文章を通じてあなたは何を伝えたいのか？　それをとことん考え抜き、明確な答えに出会うことが何より大事だ。

かつてシナリオの勉強をしていたことがあった。そこでもやはり、僕は小手先だった。

先生から、「あなたはストーリーテラー。話は面白いけど、伝わってくるものが何もない」とばっさり切られたのだ。仲間たちと社会人バンドをやっていたときもそうである。7人編成のビッグバンドで、ギターやドラム、ベースに加え、サックスやトランペットもいた。僕の担当はピアノ。ライブの時は全員黒スーツで統一し、ハットやサングラスをかけるなど、今思うと気恥ずかしいが、趣味としては真剣に取り組んでいた。そこでも、僕はよくメンバーから、「小手先に走りすぎている。自分にできることを、全力でやれ」とも言われた。僕はジャズピアノを2年ほど習っていたが、決して上手いわけではない。けれど、客やメンバーたちに良いところを見せようと、つい小手先のテクニックに逃げていたのだ。下手なら下手なりに、自分のできる技術の範囲で、自分を表現した方がよっぽど伝わる演奏になっただろう。

ライターとして活動している今、バンドメンバーやシナリオの先生から言われた言葉が、痛いほどよく理解できる。小手先の技術よりも、「あなたが何を伝えたいか」の方が、はるかに大事なのだ。

第6章

成功率9割超えの取材交渉術とインタビューの極意

取材とは「材料を取る」作業である

取材とはその言葉通り、原稿を書くための材料を取ってくる作業である。インタビューも同様で、ただ話を聞くだけではなく、魅力的かつきちんと機能する記事を作るために、十分な情報を引き出さなくてはいけないのだ。

僕は前職で、求人広告の作成をしていた。求人広告とは、その企業が求める人材から、応募が来るような内容でなくてはいけない。そのため、ゴールから逆算し、どのような質問をすればいいのか設定していくのだ。

〈求人広告の質問例〉

・給料（ボーナスやインセンティブの有無）
・勤務地（転勤の有無）
・勤務時間（残業の有無）
・休日（夏休みや有給の有無）
・待遇・福利厚生

・事業内容
・仕事内容
・競合他社との違い
・業界での立ち位置
・会社の歴史
・理念
・目指す未来
・社長の人柄や考え
・一緒に働く上司、先輩たち

少なくともこのような項目について情報がないと、良い原稿は作れない。会社案内やホームページだけ渡されて、「これをもとに人が集まる求人原稿を作って」と言われても、難しいだろう。取材時間は、上限1時間など、あらかじめ決められていることがほとんどだが、できれば目いっぱいまで使って、できるだけ多くの情報を集めたい。10の情報から1の原稿を作るよりも、100の情報を凝縮して1にした方が、間違いなく充実した内容になるからだ。もちろん、取材した情報を全て使うことはできないので、取捨選択が必要となり、原稿作成の労力は増えるが、質を高めるために必要な手間なのである。目的の実現のために機能するのが、良い文章であると書いた。そんな文章を書くためには、十分な情報が必要なのである。

知ったかぶりは絶対にＮＧ！

取材中に、もしわからない用語が出てきたらどうすればいいだろう。普通なら、その場で聞き返すべきだが、「そんなことも分からないの？」「調べてこなかったの？」と気を悪くされるかもしれない。また「こいつはレベルが低い」と思われて、深い話が出なくなってしまう恐れもある。僕の先輩ライターは、「分からないことがあっても、分かるふりをする。そして帰ってから調べればいい」と断言していた。実際、僕は医療系会社の企業にインタビューしたとき、ＯＴＣという用語の意味が分からず、聞き返したところ、「そんなことも知らないで、よく取材に来たな。原稿を楽しみにしているよ」と、呆れた顔で皮肉を言われたことがあった。ちなみにＯＴＣとは、「Over The Counter（オーバー・ザ・

カウンター）」の略。薬局やドラッグストアで売っている、一般用医薬品のことを指す。医療業界ではごくごく当たり前の用語だ。先輩が言ったように分かったふりをするのか、正直に知らないと答えるのか、どちらが正解なのかは分からない。ただ、自分に対しても相手に対しても、より誠実なのは、知ったかぶりせず正直に聞くという選択肢だろう。

実は僕も昔、インタビューの際、理解もしていないのに、分かった風に相づちを打ってしまうクセがあった。話の流れを切りたくない、自分が無知だと思われたくない、といった理由で。けれど、相手に「こいつ、分かってないのに相づち打ってる」と悟られたとき、信頼関係は崩れてしまう。また仮にやり過ごせたとしても、原稿を書く段階で絶対に苦労する。例えば、リクルート社には、「リボン図」というビジネスの考えがある。僕は同社を取材した際、その言葉を「リボーンズ」と聞きちがえ、「意味が分からないけど後で調べればいいや……」と、その場では聞かなかった。ところが、ネットで検索しても全くヒットしない。焦りに焦り、リクルート関係者に聞いてようやく理解できたことがあった。しかしこのときのように、いつも身近に助けてくれる人がいるとは限らない。

機能する文章を書くためには、自分が書いている記事の内容を、まず自分が理解していないと、読者に伝えることができない。分からなければ、その場で聞くことを心掛けよう。

それで勉強不足だと怒られたら、仕方ないと割り切ろう。

上手なインタビューなんかできなくていい

インタビューの極意とは、「自分のスタイルを見つけること」、これに尽きる。僕は病的に人見知りで、初対面の方と話すときはいつも緊張し、しどろもどろになってしまう。ライターになったばかりの頃、「このままではダメだ！」と反省した。テレビでインタビューをするアナウンサーなどを参考にし、笑顔で明るく、ハキハキと、流暢に質問を心がけた。

だが、元の性格までは治らない。無理に笑顔を作ってもひきつるし、滑らかにしゃべろうとすると噛みまくる。あまりにたどたどしいので、取材相手から「大丈夫？」と失笑されたこともあった。これにはかなり凹んで、一時期はインタビューがあるたびに憂鬱になったほどだ。インタビュー中に取材相手と盛り上がり、笑いが絶えないインタビューをするライターを見て、心底うらやましく思ったものだ。

そこで僕がしたのは、開き直ることだった。人見知りだし、元気や明るさもないし、滑舌も悪い。だったら、人のまねをするのではなく、自分の強みが最も発揮されるスタイルを見つけようと思ったのだ。

するとあるとき、「コエヌマさんて相手に信頼される話し方をするよね」と言ってくれる編集者がいた。上手なしゃべりはできなくても、丁寧かつ真摯に質問をし、相手の話に耳を傾けることで、短時間でも信頼を築ける。それこそ、自分のスタイルだったのだ。あなたにもきっと、自分に合ったスタイルがあるはずだ。そしてその中でこそ、自分の実力は最大限発揮されるのである。

場数を踏めば体が反応してくれる

インタビューの最大の上達法は、やはり場数を踏むことに尽きる。長年スポーツをしていると、体に染みついた動きが自然と出ることがあるが、インタビューも同じ。僕は上原さんに憧れてブログを立ち上げ、何十人にもインタビューをしたと書いた。やっておいて本当によかったのは、いざ仕事としてインタビューをしたとき、体が勝手に反応してくれたことだ。用意した質問通りに聞くだけでなく、アドリブ力が高まったのだ。大事なのはやはり場数を踏むことである。

そしてインタビュー後には、録音した音声を聞き直してみよう。初めは自分のインタビューを聞くことに恥ずかしさがあり、嫌になるかもしれないが、「あー、えーという言葉が多い」「語尾を上げないから冷たい印象に聞こえる」など、必ず気づかされることがあるはず。それを一つひとつ改善していけば、見違えるようになるはずだ。

取材相手のことを可能な限り調べる

あるとき、うちの会社にこんな電話があった。

「私たちはＷｅｂサイトの集客を上げるお手伝いをしている会社です」

他社にできない画期的な手法とやらで、アクセスアップを実現するらしい。ひとしきりサービス内容を説明した後、営業担当はこう言った。

「ところで御社は、Ｗｅｂサイトをお持ちですか？」

おい！　と突っ込みを入れたくなった。Ｗｅｂサイトを持っているかも分からないのに、Ｗｅｂサービスの営業をするなんて。せめてそれくらい調べてから電話してきてほしい、と思い早々に電話を切った。

ライターも同様で、取材相手のことを最低限調べるのは基本中の基本だ。とはいえ、どこまで時間をかければいいか、どこまで労力やお金を費やせばいいのかは悩みどころだ。

例えば、新作映画が公開となり、主演俳優にインタビューをすることになったとしよう。インタビュー時間は30分、文字数は1000字、ギャラは1万5000円。正直、決して大きな仕事ではない。このために、俳優が登場する作品を全部見るとなると、とんでもない労力がかかる。結論を先に言うと、「代表作」「話題作」は可能な限り押さえたい。具体的には大ヒット作、映画賞の受賞作品など。それだけ観ておけば問題ないだろう。その先は、あなたの考え方次第である。例えば〝プロインタビュアー〟の吉田豪さんは、取材前に徹底的に対象者のリサーチを行うことで知られている。相手が自分でも覚えていないようなことを指摘し、取材を盛り上げ、なかなか引き出せないようなコメントを引き出すのだ。ライターとしてそういったスタイルを築きたいのであれば、たった30分の取材であっても、半日や一日かけて相手のことを調べて臨むべきだろう。また、「僕のことをよく調べていますね」と取材相手から信頼されれば、その方が書籍を出すときなどに、ライターとして指名される可能性もある。目先の損得だけではなく、長期的な視点で見たとき、

「自分はどんなライターになりたいか」「そのためにこの仕事はどんな意味があるか」を意識して、一つひとつ取り組んでいこう。

安直な質問はしない

プロボクサーの辰吉丈一郎さんと、映画監督の阪本順治監督のお二人に取材をしたときのこと。辰吉さんのドキュメンタリー映画が公開されることになり、インタビューを行ったのだ。辰吉さんは非常に頭の回転が早く、ズレた質問をすると手厳しいツッコミを入れられる方だった。いろいろ質問をする中で、僕はインタビューの最後に「どんな方に観てほしいですか?」と質問をした。

これは、映画関連のインタビューをするときは、定番中の定番と言える。そのため、あまり考えずに、あいさつのような感覚で発してしまったのだ。すると辰吉さんは笑い、「トンチンカンやな〜。たくさん取材受けているから、この質問はもうされてるだろう、とか考えんと売れんよ」と愛のあるお言葉をくださった。インタビューという行為に、おざなりになっていた自分を恥じた。

某若手俳優にインタビューをした時も、「今回演じる役柄と、自分自身の共通点は？」と定番の質問をしたところ、「それ、よく聞かれるのですが、人間なので共通点はあるに決まっていますよ」と返され、安易な質問をしたことを恥じた。

確かにその通りである。とくにたくさん取材を受けている人や会社の場合、当たり前すぎることを聞いても、「なんで今更そんなこと聞くの？」となってしまう。何とか変わった質問をするにしても、取材の趣旨から外れていては意味が無い。押さえるべきところは押さえつつ、なおかつ変化球の質問も盛り込むのがベストだが、なかなかうまくいくものではない。また、取材相手が芸能人の場合、取材時間が10～15分しかないこともザラにある。そんな中で、どの質問を優先すればいいのか、正直、明確な答えはない。編集者とコミュニケーションを取り、決めていくのがよいだろう。媒体の特性や、他社の取材記事の有無などによっても、すべき質問は変わる。遠慮なく編集者を頼って相談しよう。

迷ったらとりあえず聞く

インタビューをする中で、こんなこと聞いていいのかな、と思う場面に遭遇することがある。例えば、廃れつつある地方の伝統文化を、一人で守り続けている若者に取材をしたとしよう。活動を始めたきっかけや伝統文化の魅力、活動に込めた思い、今後の目標などが代表的な質問例だろう。

ただし、それだけで終わってはライター失格である。「収入は?」「どうやって生活しているの?」といった聞きづらいことも、きちんと聞くべきである。なぜなら、誰もが当たり前に抱く疑問であるからだ。聞いたからといって、機嫌を損なうこともないはず。もし怒らせてしまうことがあるとすれば、よほどデリカシーの無い聞き方をするなど、違う要素によるものだろう。答えられないこと、答えたくないことであれば、正直にNGと言ってくれるであろうから、初めから空気を読みすぎる必要はない。そうすることでインタビューも小さくまとまることになってしまう。

ちなみに僕は、これまで数えきれないほどの取材をしたが、取材相手の怒りを買ったことは一度もない。事前に取材の趣旨を説明し、敬意を払って真摯に向き合えば、そのようなことはないと確信している。

奥様が突然倒れて植物状態になり、8年間介護をし続けている男性に話を聞いたとき、性欲処理についても聞いた。ゲスだと思われるかもしれないが、そこはやはり気になる部分だ。記事にするかどうかはともかくとして、少しでも気になることがあればやはり聞くべきである。むしろ、取材のために時間を取ってくれたのに、遠慮して聞かない方が失礼だと僕は思う。もちろん、足を組んで背中を預け、「性欲処理どうしてんの?」などと聞いてはいけない。「大変不躾な質問なのですが、その、性欲処理はどのようにされているのでしょうか?」など、聞くべきである。

共通認識はできているか?

あなたのところに、突然ライターを名乗る人がやってきたとする。おもむろにペンとメモを取り出し、「現在の政権についてどう思いますか?」と質問をしてきたら。「え?」と戸惑うだろう。しかし、「○○新聞」の「○○面」の「若者が考えるこれからの政治という企画」で、「20代の方の声としてあなたにインタビューしたい」と事前に伝わっていれば、気持ち的にもスムーズに話すことができるのではないか。

実は取材では、対象者に趣旨が伝わっていないことがしばしばある。特に、間に何人も経由すると、どのような取材を受けるのか、取材対象者の耳に届いていないことがあるのだ。取材があること自体、本人が聞かされていない場合もある。そんなときに備え、インタビューの前にきちんと説明しておこう。なぜインタビューを受けているのか取材対象者が分からないままでは、良い答えなど出てこない。そもそも目的が分からないので、気持ちも入らないだろう。

「編集者が伝えてくれているはず」という、任せきりな姿勢ではなく、相手に協力的になってもらうよう気を配ろう。

レコーダーに頼りすぎてはいけない

インタビューのとき、会話を録音するICレコーダーは必須アイテムだ。ただし、頼り切ってはいけない。あくまで補完的なものとして使うべきである。例えばインタビューの中で、相手の返答が聞き取りづらかったとする。「あとで録音を聞き直せばいいや」と、そのまま進めてしまってはいけない。相手の言葉に対して、本気で向き合えなくなってしまうからだ。これは一期一会の精神にも通じると思う。

それに、思いもよらぬ機器トラブルも少なくはない。インタビューを終え、お礼を言ってレコーダーを止めようとすると、レコーダーが回っていなかった経験が僕自身にもある。記憶が新鮮なうちに、メモを見ながら原稿を書き、事なきを得たが、もしレコーダーに頼りきりになっていたら、原稿を書くことができなかっただろう。僕の知人のライターは、紅白出場クラスの人気ミュージシャンに取材し、終わってからレコーダーが止まっていることに気づいたという。超多忙な人たちであるから、もちろん再取材などできない。メモと記憶で何とか書いたらしいが、想像しただけで顔面蒼白になりそうだ。

では、どのようにメモをとるべきか。僕が心がけているのは、キーワードをきちんと拾い、時系列に並べることである。例えば、群馬県前橋市のグルメガイドを作成するため、お勧めの飲食店を地元の観光協会に取材したとする。

「お勧めは何と言っても洋食屋のポンチですね。広瀬川沿いにある大正時代から続く老舗で、カレーライスが名物なんです。オムレツカレーとか、ハヤシライスとのあいがけカレーとか、いろんなメニューがあるんですよ。詩人の萩原朔太郎さんが愛したお店としても知られています。中央前橋駅から歩いて10分くらい。前橋駅からだと、少々距離があるので、レンタサイクルが便利ですよ」

この内容であれば、僕はこんな風にメモを取る。

「洋食ポンチ、ひろせ川沿い、大正からやってる。オムカレー、ハヤシあいがけなどメニューいろいろ。さくたろうも愛した。中央まえばしから歩き10分、まえばしからはレンタサイクルおすすめ」

人に見せるための議事録であれば話は別だが、自分で読むためのメモであれば、この程度で十分。キーワードさえ拾っておけば、後で見返したときに、どのような内容だったか記憶がよみがえってくるだろう。

成功率90%以上の取材交渉術

取材をしたいと思って交渉しても、必ず実現するとは限らない。旬の人、話題の人であればなおさらだ。取材を受けていただくために、僕は誠意を伝えることを意識している。

ギャランティなどの条件を別にすると、手間をかけることで誠意は必ず伝わる。

プロレスラーの葛西純さんに取材交渉をしたときのことを例に挙げよう。以前に『レポ』で、葛西さんに密着したノンフィクションを書きたいと北尾さんにお願いし、ゴーサインが出た。しかし、取材交渉はこれからなので、もし受けていただけなかったら企画倒れになってしまう。

あなたならどうするだろう？　プロレス団体のＷｅｂサイトから、電話なりメールなりで問い合わせるのが一般的だろう。しかし、どうしても取材したいと考えた僕は、興業がある日に試合会場に出向くことにしたのだ。葛西さんたちレスラーは、試合終わりに物販会場でグッズを売ったり、サインをしたりしている。そこで顔を合わせたとき、直接交渉をしようと考えたのだ。

持参したのは次の４点である。

①直筆の手紙
②企画書
③雑誌の見本（できるだけ新しく、その雑誌の特色が現れている号が望ましい）

④名刺

手紙には、「自分は何者か」「なぜあなたに興味を持ち、取材のお願いをしているのか」を書いた。そして企画書には、「どんな雑誌に、どういった内容、条件、スケジュールで取材をするか」をしっかり明記した。人気レスラーの葛西さんである。物販をしている間はファンが殺到し、交渉できなかったので、終了して控室に戻ろうとするところを追いかけ、上記をまとめたものを渡した。試合直後で、葛西さんの全身からは汗や血がまだ流れている。「あぁ？　取材？」と言われ、殴られるのではとビビったが、もちろんそんなことはなく、受け取っていただいた。

その上で後日、プロレス団体の事務所に電話をし、取材を受けていただきたい旨と、ご本人に企画書をお渡ししてあることを伝えた。すると、葛西さんから直々に連絡をいただいて、取材を受けてもらえたのだ！　その時に書いた記事は、僕のキャリアの中で特に印象に残るものの一つだ。

右記の一式に加え、相手の連絡先が不明なときは、返信用封筒も入れることがある。取材のお願いをする立場なのに、名刺を一方的に渡し、「連絡をください」というのも失礼な話である。であれば、結婚式の案内状のように返信用封筒をつけ、連絡先を記入して返送していただくとよい。返事をいただけたら、こちらから連絡するようにしよう。

こういった交渉で、僕は90％以上の確率で、取材を受けていただくことに成功している。

第7章
編集者から引っ張りだこになる企画の作り方

企画作りはどこに照準を合わせるか

ライター人生の中で、僕が最も悩んだのが企画づくりだ。先輩ライターから企画の大切さを散々教えられてきた僕は、駆け出しの頃から企画を作っては、知り合いの編集者に送るようにしていた。しかし、通ることはほとんどなかった。今であれば、企画はボツにされて当たり前だと割り切れるのだが、新人だった当時は「自分の企画の作り方が間違っているんじゃないか」と完全に迷走した。そこで、アドバイスをもらうべく、先輩編集者たちに話を聞きに行ったのだが、そこで僕はさらに深い迷路にはまることになる。

編集者Aさんは、「あなたにしかできない企画を作るべき。世間なんてどうだっていい。あなたが心から面白いと思う企画をやりなさい」と言った。一方で編集者Bさんは、「企画は読者に99%合わせるべき。そこに個性や自分の主張なんか入れてはいけない」という意見だった。お二人とも凄腕で、成功体験をたくさん持っている一流編集者だ。そのような方たちに真逆の意見を言われ、僕は完全に混乱してしまったのだ。

ほかに相談できる相手もいなかったので、自分でヒントを見つけるしかないと、企画の作り方系の本を片っ端から読み漁っていたとき、『考具』という本のある一節が僕を救ってくれた。

「わがまま→思いやり」という順番。まず自分の思いがあって、その思いを社会に適合させていく順序が大切。最初から相手に合わせてしまうと、出てくるアイデアがショボくなります。

両極端なAさんとBさんの意見は、どちらも正解だったのだ。「世間ではチアシードが流行っているから、うちもチアシードの企画を立てよう」と、流行に合わせただけの企画に面白さや新鮮さなどない。一方で、例えばデスマッチの企画が自分にしかできないものであっても、世間の関心を得られなければ意味はない。大事なのは、その二つの間に橋を架ける作業だったのだ。

世間の関心としたいことを繋ぐ

『考具』のこの考え方は、僕が企画を作るときの軸になっている。では、具体的にどのように企画を作ればいいのか、僕なりの方法をお伝えしたい。

まず、自分が企画にしたい題材は何かを考える。この時点では世間の関心や流行など一切気にせず、完全に主観で構わない。実例を出すと、僕はデスマッチというプロレスの大ファンだ。普通のプロレスと違い、蛍光灯や画びょう、剣山などの凶器を用いて試合をするため、流血は当たり前。時には傷口から、骨や脂肪が露出することもあるほど過激なプロレスだ。ぜひ多くの人に知っていただき、会場に足を運んでもらいたいのだが、ストレートに紹介しようとしても、過激さゆえにファン以外には敬遠されてしまうため、記事になりづらい。万が一通ったとしても、単なる色物という紹介のされ方になってしまうだろう。

そこで、僕はビジネス系の媒体で、「ビジネス的視点から見たデスマッチ」という切り口で企画を出した。当たり前だが、デスマッチもビジネスである。ニッチな分野にもかかわらず、収益を出し、ファンを獲得するためにはどのような工夫や戦略があるのだろう。そこを深堀りしていけば、ほかの業種のビジネスにも通じる哲学やノウハウが必ずあるはず。そういった切り口で、団体の取り組みを紹介したのだ。同時に、記事内にデスマッチの魅力も盛り込むことで、あわよくば新しいファンの開拓にも繋げたい、という狙いも実現できた。

こういった「世間のニーズと繋げる」という視点を忘れなければ、あなたが個人的に好きなことや応援していることも、企画になるチャンスが十分にあるのだ。好きなことであればあるほど、思いがこもり、やりがいも大きいだろう。それを形にできるかどうかは、企画力で決まるのである。

時事ネタの作り方

もう一つ、企画を作るときに意識したい点がある。それは、「なぜ、今この企画なのか?」ということだ。例えば、「有名人の初恋エピソード紹介企画」をするのであれば、バレンタインやクリスマス、いい夫婦の日(11月22日)の付近で実施した方が、読者も違和感なく記事に入っていける。だがこれも、最初から「今」に合わせる必要はない。自分が企画にしたい題材ありきで、「今」とどのように繋げられるかを探っていく作業こそ大事なのだ。

先に紹介したデスマッチ企画でも、僕は「今の時代」と繋ぐことを意識した。その結果、記事の出だしをこのようにした。

プロレス人気は収まる気配を見せない。一時は低迷していたものの、業界最大手の新日本プロレスを筆頭に、ここ数年で急速に盛り上がりを見せている。関連書籍や写真集も数多く発売されているほか、レスラーたちはテレビや一般誌なども席巻。女性ファンを指す〝プ女子〟という言葉も生まれるなど、まさに社会的な人気となっている。(「流血、骨露出…過激すぎてテレビ放送できない！『デスマッチ』プロレス、なぜ大人気？」『ビジネスジャーナル』２０１５年11月30日配信記事)

当時、新日本プロレスという団体が大ブームで、プロレスファン以外からも大きな注目を集めていた。その社会状況に着目し、現在はプロレスブーム→個性ある様々な団体がある→その一つに、デスマッチと呼ばれるプロレスを行う団体がある、という流れで記事を構成したのだ。

ただ肝心なのは、「価値あるものは時代や時期に関係なく、人の心に響くエネルギーをもっている」ということである。今の時代・時期と結びつけるのは、その価値あるものをよりスムーズな形で、世間に届けるための一つの工夫に過ぎないのだ。ここでも「わがまま→思いやり」という順番を忘れてはいけない。

面白い題材をいかに見つけるか

自分の好きなことと、世間を結びつける方法について紹介したが、この方法は、企画を量産しないといけない場合には向いていない。題材を「自分の好きなこと」に限定してしまうと、どんなに多趣味な人であっても、数十本作るのが限界だろう。特に週刊誌やWebメディアはサイクルが早いので、企画会議ではバンバン新しい企画が飛び交う。ライターや編集者は一人あたり、年間で数百もの企画を出しているため、全ての企画に自分の好きな題材を選んでいる余裕などとてもないのだ。

数を出さないといけない、けれど一本一本の質も確保したい。そんなときは、「自分が好きなこと」ではなく、「自分が面白いと思うこと」を企画作りの原点にしよう。僕の場合は、新聞やネットニュースから企画の素材を拾うことが多い。時事ニュースを題材にすれば、先に説明した「なぜ今、その企画なのか?」はすでにクリアされているため、その題材をいかに面白くすればいいかに注力できるのだ。

例えば、有名タレントが不倫をしたニュースがあったとする。そして現在のあなたには、売り込み先としてA、B、Cという媒体があったとする。そこからどのような企画を作っていくか。まずは「不倫」という題材をあらゆる角度から観察してみよう。例えば時系列。過去、現在、未来という時間軸の上に題材を載せて、「不倫」からどのような企画ができるか検証してみる。

〈過去〉←→〈未来〉

・日本最古の不倫は？
・過去に不倫をした有名人の言い訳（名言・迷言）とその後
・ネットの普及に伴い不倫専門ＳＮＳが誕生
・少子化の日本、解決策は一夫多妻制にすること？

時間軸のつぎは、「不倫」を様々なエリアに置いてみよう。

・都道府県別、不倫カップルの多いランキング
・○○市にはまだ残っている、不倫ＯＫの文化
・海外スターの不倫の代償は慰謝料○○億！

そして、最後は連想ゲームである。「不倫」というキーワードから思いつくことを片っ端から挙げてみよう。

・社長と秘書が不倫をしている確率は何％？
・探偵に聞く、不倫をバレないようにする方法
・自らの不倫体験を元にした名作小説「○○」

などなど。この段階ではアイデアを出すのが目的なので、「こんな企画は通らないかも」とは考えず、思いついたものを片っ端から書き出そう。ポイントは手書きで紙に書くこと。パソコンで入力するより、一つひとつの企画にリアルさを感じられるはずだ。マインド

マップという発想法があるが、それをうんとシンプルにしたものを僕は用いている。具体的には、白い紙の中央に「不倫」とだけ書き、その周辺に思いついたことをひたすら書き散らかしていくというもの。制限時間を10分などと決めて、その間に集中して企画を書きだすのもよいだろう。その後、フラットな頭で見直してみて、「面白そう！」と思える企画をピックアップしていくのだ。あとは、アイデアベースだった素材に肉付けし、企画書に落とし込んでいくのだ。

企画マラソンをやってみよう

企画はもちろん内容も大事だが、数を出してなんぼである。面白法人カヤックのＣＥＯである柳澤大輔氏は、著書『アイデアは考えるな。』の中で、「すごい企画を1個出すよりすごくない企画を１００個出せ」「まずは『すごくないアイデア』をたくさん出すところから始めよう！」と書いている。コピーライターの谷山雅計氏も、『広告コピーってこう書くんだ！読本』の中で、キャッチコピーを考えるときは、まず思いつくままに１００個くらい案を出すと書いている。

企画はボツにされて当然、ぐらいに思った方がいい。一つひとつの企画に全精力を込めていたら、体力も精神力もとても持たない。なので、まずは数を作るようにしよう。もう一つ、大事なのは継続して続けることである。

フリーライターは基本的に一人で活動を行う。自分の中で「毎週3本企画を作る！」と決めたところで、やらなくても、誰もとがめない。自分に甘えてしまうことができるのだ。なので、企画作りに関しても、やらざるを得ない環境を作ってしまうのがいい。例えば、編集者に「毎週金曜日に5本企画を送るので見てください」と宣言してしまうのもアリだ。新人ライターの仲間たちがいれば、「毎週〇曜日は企画会議」のような日を作ってしまうのもいいだろう。かつて、「考える人」というテレビ番組があった。ダウンタウンや中川翔子などのタレントたちがスタジオに集まり、公募に出す作品をワイワイやりながら考えるというものだ。そして実際に応募までしてしまうという内容である。こういう場を作れば、創作をゲーム感覚で楽しめるし、モチベーションも上がる。

ただし、自分にプレッシャーを課すことは大事だが、限界を超えてしまっては本末転倒だ。「週に10本企画を出す！」と宣言しても、1ヵ月で力尽きてしまっては意味が無い。であれば、週に3本でいいので、継続的に続けることを優先しよう。ライター業も人生も、例えるならマラソンである。いきなり猛ダッシュをしてバテてしまうのではなく、無理ない進み方をして、何年間も何十年間も続けることを目指そう。

汗をかかない企画に魅力はない

企画は通らないことが多い、と書いた。であれば、一つひとつの企画作りに、力を入れすぎない方がいいのだろうか。通るかどうか分からない企画に労力をかけて、結局実現しなかったら、無駄になってしまう。

もちろん、バランスが大事である。企画作りに力を入れるあまり、現在進行中の仕事に支障が出てしまってはいけない。けれど、肝心な部分で手を抜いて作られた企画に魅力はない、と僕は断言する。

バー「月に吠える」は、普段は文壇バーなのだが、日曜日だけ「牧師バー」になる。現役の牧師さんがカウンターに立ち、営業時間中に2回「説法タイム」を行って、お客様からのお題に対し、キリスト教の視点から10分程度話をするのだ。

この説法タイムは実に面白い。牧師さんがアフリカを放浪していてスパイに間違われ、銃を突き付けられた話。大阪のドヤ街を歩いていたときに出会った浮浪者との話。迷い犬を探す張り紙から気づかされた愛の話など、キリスト教に興味が無くても理解でき、聞き入ってしまう内容なのだ。この取り組みが話題になり、新聞やネットニュースで記事にしてくれた。

あるとき噂を聞いた編集者が、「説法タイム」の内容を集めて一冊の本にしようと考え、「牧師さんを紹介してほしい」と僕のところに連絡をしてきた。もちろん、大歓迎なので、喜んで紹介した。

ところがである。この編集者は牧師さんに、「説法タイムの内容を録音して送ってくれないか?」と依頼をしたという。その音声を上司にも聞かせて、本の話を進めるのだそう。それを聞いて、僕は怒りが込み上げてきた。

なぜ自分で聞きに来ないのだろう?

説法を自分の耳で聞くのはもちろん、牧師さんの表情や口調、お客様の反応、バーの雰囲気などを五感で感じてこそ、自信を持ってその企画を上司に提案できるのではないか。また時間を割いて足を運ぶということは、大きな誠意である。実際に本づくりが進むことになるのであれば、牧師さんとは長い間パートナーとして関わるようになる。信頼関係を築くためにも、編集者は絶対に来るべきだったのだ。

「忙しいから来られないんですかねえ」と気遣う牧師さんに対し、僕は「この話、断った方がいいと思いますよ」と伝えた。休日のたかだか1~2時間を使って、バーに来ることに労力を割けないのであれば、企画への情熱もその程度のはず。仮に企画が通ったとしても、いい本などできるわけがないのだ。

後日、牧師さんは律儀にも、その編集者に音声を送ったそうだが、連絡はなかった。結局、そのまま話は流れてしまったようだ。やはり、その程度の情熱しかなかったのである。

企画作りはバランスが大事。けれど、手間を惜しんではいけない部分では、全力で取り組まないといけないのである。

読者ターゲットはどうするか？

雑誌やWebメディアの多くは、あらかじめ読者ターゲットが決まっている。けれど、書籍の企画を出すときは、想定読者やターゲットについて必ず聞かれる。その度に、僕は「20代男性・会社員」「30代女性・OL」などと書いていたのだが、常に違和感があった。

「20代男性って誰だよ!」「30代OLって!」という風に。だが、設定しなさいと指示されているので、仕方なく実体のない20代男性君や30代女性さんを想像し、それらしい企画書を作っていた。

しかし、『計画と無計画のあいだ』の中で、ミシマ社の三島社長が書かれていた対象年齢に対する考えに触れたとき、ものすごく腑に落ちた。

ターゲット設定0~100歳。
人間を信じる。そこにあるのは、一冊入魂の精神だけだ。

編集者の都築響一さんも、著書『圏外編集者』の中で、こう書いている。

その編集長から教わったことはいろいろあるけど、いちばん身についたのは、「読者層を想定するな、マーケットリサーチは絶対にするな」だった。知らないだれかのためでなく、自分のリアルを追求しろ、と。そういう教えが、僕の編集者人生のスタートだったのかもしれない。

たくさん社員を抱えていて、発行部数をたくさん刷るような、お金の動きが大きい会社であれば、リスクを負うことができない。そのため、マーケティングを行い、過去の売れた事例に基づいて、初めて本づくりに踏み切れる。一方で都築さんはフリー編集者だし、ミシマ社も小規模の出版社だ。フリーランスに近い、自由度の高い働き方をしている方たちは、想定読者に対し否定的な傾向がある。つまり、自分たちの感覚を優先しているのである。

フリーランスであれば、自分が面白いと思う企画を優先しよう。その自由度や楽しさこそが、この仕事の特権であるからだ。

企画書に最低限入れたい項目

企画書の書き方に決まりはないが、僕は「企画概要」「企画意図」「強み」の3点を必ず盛り込むようにしている。一つずつ説明しよう。

企画概要

どのような企画か、分かりやすく簡潔に書く。例えば本書であれば、未経験からライターになるためのノウハウ本であること。

企画意図

なぜ今、この媒体で、この企画を行うのか？　世の中にどのような価値を生み出し、読者はどのようなメリットを得られるのか？

強　み

類似企画との差別化、自分がこの企画をする上で有利なこと

僕は決して企画書作成のプロではないが、このやり方で問題なくやってきた。企画書は1枚にまとめなさい、という意見があるが、とらわれすぎることはない。要は、自分のし

たい企画は何なのか、強みや差別化は何なのか、一言で言えるまでに考え抜きなさい、ということなのである。それができていれば、フォーマットにこだわることは無い。「ページ数や価格なども盛り込むべき」など指南していることもあるが、最初の段階でそこまできっちり決めることはないだろう。

遊びの余地を残すこと

企画は、方向性をきちんと定めておくべきだが、細部までは完ぺきに決める必要はない。なぜなら、進めていく上で、「こうした方が面白いのでは?」という部分が必ず出てくるからだ。そのときに、変化を受け入れる余地が無いと、当初のままで進めるしかなくなってしまう。

ツアーで旅行に行くと、途中で気になるスポットがあっても、時間の都合で立ち寄れないことがあるだろう。頑固な添乗員がいて、少しの寄り道も許してくれなかったら、ありきたりな観光名所を回るだけで終わってしまう。そういう意味で、あそびは残しておくべきなのである。

例えば、最初から「この本は224ページ」「目次はこう」と決めることで、進行は楽になるかもしれない。しかし、それにより不自由さが生まれてしまうのであれば、結果的に面白さは失われてしまう。そのバランスが大事なのだ。編集者によっては、僕が提唱するようなざっくりした企画書は、「不完全だ」という人もいるだろう。けれど、企画の軸となる部分をしっかり落とし込めていれば、全く問題はないし、結果的に面白い内容になることが多い。

企画脳が出来上がれば怖いものなし

企画を立てるのは大変な作業のように思えるだろうか？ 実は、コツさえつかめばそこまで難しくはない。しかも慣れてくれば、自然と頭が「企画脳」になり、日常生活の中で、呼吸をするように自然と企画が浮かんでくる。そうなればこっちのものだ。

例えば電車に乗っているとき、日焼け止めの中づり広告があったとする。日焼け止めの原材料は何だろう。会社によって違うのかな。体に害はないのかな。もしくは日焼け止めの代替品はあるのか？ そのように企画の芽となるような疑問が自然と思い浮かぶようになるだろう。企画を作るために、企画マラソンや新聞の切り抜きスクラップを地道に行おう。

ただし企画脳になると、本を読んだりテレビを見たり、雑誌を読んだりするとき、純粋に楽しめなくなってしまうこともある。作り手の目線で分析しながら見てしまうのだ。僕の周囲でも、「何を見ても普通に楽しめないよ」と吐露する編集者やライターがいるが、この仕事を選んだ以上仕方のないことだ。その反面、作り手目線を忘れさせ、読者としてのめりこませてくれる作品に出会えると、そのときの喜びは何よりも大きくなる。

第8章　ライターで食うには泥臭い精神論も必要だ

ボツになったネタを成仏させる方法

あるとき後輩ライターが、このような愚痴をこぼしていた。

「取材をしてすごくいい話や面白い話をたくさん聞けたのに、編集者の意向で使えないことが多い。本当に伝えたいことを書けないなんて、空しくなりませんか？　自分がいる意味は何なんだろう、って思っちゃいます」

言いたいことはとてもよくわかる。通常、僕たちが書く記事には、必ず「目的」がある。ビジネス系の記事であれば、読んだ読者が仕事や実生活に取り入れて、役立ててほしいという目的がある。取材の中でどんなにいいエピソードを聞けても、その目的から外れていれば、削らなければいけないことは確かにある。どうやら後輩ライターの周囲では、使えなかったエピソードが、地縛霊のようにふわふわ漂っているらしい。

もちろん、その気持ちはとてもよく分かるし、僕も何としても使いたいエピソードがあれば、あの手この手を使って記事内に忍び込ませようとするが、それでもボツになってしまうことは少なくない。そんなとき、成仏させられるのは自分自身しかいない。

本、雑誌、テレビ、新聞など様々なメディアがあるが、その最小単位は人である。僕も、その後輩ライターも、本書を読んでくださっているあなたも、立派なメディアなのだ。伝えたいエピソードがあれば、あなたというメディアを通して、人に伝えればいいだけのこと。それは会話でもいいし、ブログなどでもいい。あなた自身が編集長なのだから、自分がどのような方法で、どのような内容を発信するかは自由に決められる。影響力は決して大きくないかもしれないが、あなたの話が共感を呼び、世の中に影響を与えることもあるだろう。

僕がライターと名乗らないわけ

ここまで僕は、ライターになるためにはどうすればいいか、を書いてきた。僕のしている仕事も、いわゆるライターのそれである。ただし、僕は普段、ライターではなく〝ジャーナリスト〟と名乗っている。

便宜上、本書ではライターと名乗ってきたが、実はその呼び方があまり好きでない。ライターを直訳すると「書く人」という意味になる。そこに違和感を覚えるからだ。

若いライター志望者から、「文章を書いて生活をしたいのですが、どうすればいいのですか?」とよく聞かれる。僕は聞く。「なぜ文章を書いて生活をしたいのですか?」と。するとくの人は、文章を書くことが好きだから、と答える。

文章を書くという行為は手段であり、目的ではない。大事なのは、「自分が何をしたいか」「何を伝えたいか」だろう。いくら文章を書くことが好きでも、「文章を書くという行為のみ」があなたを満足させ、幸せにしてくれるとは到底思えない。

文章というツールを用いてあなたの思いを発信し、読者に共感されてこそ、やりがいや楽しさを覚えるのではないだろうか。少なくとも僕はそうだ。なぜジャーナリストをやっているか、その原点は単純明快だ。子どもが幼稚園から帰って、母親に「お母さん、聞いて。今日、こんなことがあったんだよ」「こんなことしたんだよ」と報告をする。話を聞いてもらい、共感してもらったとき、何よりうれしくないだろうか。それと一緒だ。別に喋りでも音楽でもダンスでも、目的が実現できるのなら、正直、手段は何でも構わない。ただ、自分にとって文章というツールが使いやすいから選んだだけなのだ。

ライターという職業は、書くという行為に主眼が置かれているような気がして、どうもすっきりしない。記者ともちょっと違う。いろいろ考えた結果、「ジャーナリスト」にたどり着いたのだ。

ジャーナリストというと、硬派で社会派のイメージがあるかもしれない。けれど、僕が考えるジャーナリストの定義はごくシンプル。「自分が発信した記事を通じて、世の中の課題を解決し、より良い社会づくりに貢献する職業」である。僕は決して立派な人間ではないし、なぜ今の仕事をしているかというと、「楽しいから」という理由が真っ先に来る。しかし、僕の働きが結果として、世の中の役に少しでも立つのであれば、この上ない喜びだと思っている。そういう意味で、ぜひこれから物書きを目指す皆さんには、ジャーナリスト精神を持っていただきたいと思っている。

死ぬ気で取り組みたいから遺書を書いた

僕には遺書がある。そこにはわずかながらの財産をどうしてほしいか、葬式や墓をどうしてほしいか、といった内容に加えて、お世話になった方・大好きな方たちへのメッセージが書いてある。

遺書を書いたのは、フリーライターとしてデビューしたばかりの頃。企画を持ち込んでもまるで通らず、絶望しかけていた頃だ。この先、ライターの仕事を続けるべきか。きっぱり諦めて、安定して働ける正社員の仕事を見つけるべきか。本気で悩んでいたそんなとき、元キックボクサーでK－1選手の武田幸三さんが、試合前に遺書を書いて臨むと話していたのをテレビで見た。その真似をしてみたのだ。格闘技と違って、ライターの仕事は死と隣り合わせていない（戦場ライターなどを除いて）。けれど、自分のような落ちこぼれの場合、いつ死んでもいいと思えるくらいの覚悟を持って臨まないと、ライターとして食っていけない。そう思い、退路を断つ意味で遺書を書いたのだ。

結果から言うと、遺書を書くという行為は、僕の考えや生活を大きく変化させてくれた。例えばお世話になった方々へのメッセージは、その人の顔や声、一緒に過ごした時間、思い出などを頭に浮かべながら、明日本当に死んでしまうという気持ちになって書いた。照れや恥ずかしさ、誰かに見られるのではという怖さを捨てて、本当に本当に心から書いた。気づけば目に涙が浮かび、相手の方々のことが愛おしくて仕方なくなっていた。僕は仲のいい人であっても、変な気遣いや気配りをしてしまい、本音で話せなかったり、距離を置いてしまったりしていた。それがかなり軽減され、これまでより深い付き合いができるようになったのだ。これだけでも、遺書を書いた価値は十二分にあると思っている。自分の心の奥底を見つめ直す意味でも、ぜひ一度遺書を書いてみるといいだろう。そしてその経験は、ライターとしてのあなたにも必ずいい影響を与えてくれるだろう。

正攻法がダメでもカウンターパンチがある！

僕の会社が運営しているWebマガジン『月に吠える通信』で、あるときインターンのライターが、「この人にインタビューしたいです」と提案してきた。成宮アイコさんという詩人で、社会不安障害を抱えながら、詩の絶叫朗読ライブをしている方だった。ライターが偶然ライブを観たところ、たちまち心を奪われてしまったのだという。せっかく提案してくれたのだからと、成宮さんにインタビューをさせてもらうことになったのだが、失礼ながら全国的に有名な方ではないので、記事を掲載する枠は小さめで考えていた。僕も取材に同席してインタビューを聞き、成宮さんに取材の礼を言って別れた帰り道……僕はライターにこう提案していた。

「この記事はめちゃくちゃ面白くなります。全1回で考えていたのですが、全3回にしましょう！」

新潟県に生まれた成宮さんは、小さい頃から家庭内暴力を受けてきた。社会不安障害になり、リストカットも経験した。高校生の頃から生きづらさや痛みを詩にするようになり、個展を開いたところ、「こわれ者の祭典」というイベントの主催者から誘われ、一緒に活動をするようになった。

同イベントは、病気を抱えている人がパフォーマーとなり、どう向き合ってどう回復したかをテーマに、笑いを交えたトークやパフォーマンスを行うというもの。成宮さんは、アルコール依存症の主催者がパジャマを着て、「アル中で良かった！」「酒税で社会に貢献できた！」と叫ぶ姿に、たまらなくダサさと格好良さを感じたという。

「私は元々、家族のことと か不登校のこととか、自分の格好悪い部分を他人に話すつもりはなかったんです。だって、本屋さんでは自己啓発本がすごく売れているけど、読んでも全然共感できなかった。そういう本を書いている人とも読んでいる人とも、私は何もリンクしない。そんな自分のことを話してもしょうがないと思っていました」

最初は大勢の前に立つことができず、ステージの中央にぬいぐるみを置いて、舞台の端で朗読をしていた成宮さん。だが客が、「私も人と話せない」「橋を渡ろうとすると、崩れそうで渡れない」など打ち明けてくれると、自分も弱さをさらけ出せるようになった。現在は「カウンター達の朗読会」と銘打って、同じように心に病を抱えたメンバーとともに活動している。

「開催した動機は、『障害者だって頑張れる』『うつの人でも頑張っています』と、頑張りを美化したがる風潮へカウンターパンチを喰らわせたかったからです。無理に頑張る必要はないし、挫折したっていい。自己啓発書には共感できなくても、『こわれ者の祭典』に共感できる人がいてもいいじゃないか、って思います」

元々、サブカルチャー誌『BURST』や、蛭子能収さんの漫画がすごく好きだという成宮さん。けれど本当は、ファッション誌『リンネル』のような、〝ていねいな暮らし系〟の人になりたかったのだそう。一度はコレクションである『BURST』や蛭子さんの漫画を捨てて、憧れの暮らしを送ろうとしたが、幸せだとは感じなかったという。

「庭で大きな犬を飼ったり、自家栽培のいちごでジャムを作ったり、オーガニック素材でクッキーを作る人になりたかったし、逆に、若い頃に結婚して、AEONとか行く人にも憧れます。けれどそれらは、自分にとっての幸せじゃないことにも気づいています。だから、これからも、憧れとは違う人生を送るんだろうなって覚悟はあります」

インタビュー中、共感するあまり涙が出そうになった。僕がどれだけ落ちこぼれの経歴を送って来たかは前述した通りだ。いい大学を出て大手出版社に入社し、家庭を持って順調に出世する暮らしに、今も憧れている。新宿ゴールデン街で下品な酔っ払いたちと飲んだくれている日々が、自分にとっての幸せだと気づいてはいても、憧れに対する羨ましさやコンプレックスは一生消えないだろう。でも、それはそれで健全であるし、ネガティブなことではない。いつもそばにいる大事な友人のように、満たされない部分と寄り添いながら、成宮さんも僕も生きていくのだと思う。

やや感傷的になってしまった。このエピソードを通じて最も伝えたいのは、インタビューのときに成宮さんが言われたこの言葉だ。

「利き手を使って、正攻法でストレートを打つのはもう無理だし、人から『こうすれば?』って言われても、できないかもしれない。でも、うまくいかなければ、カウンターパンチという手段もあるよ、という感じで（「カウンター達の朗読会」を）やっています」

落ちこぼれでも、ハンディを抱えていても、自分にしかないやり方で必ず自己実現できる。それは弱さをさらけ出して詩を朗読することかもしれないし、全財産をはたいてバーを始めることかもしれない。いずれにせよ、「自分が何をしたいか、どうなりたいのかを知る」「思いを表現して相手に伝える」という要素は必須だ。そういう意味で、自己実現するために、本書に記した内容が必ず役に立つはずだと確信している。

フリーランスに必要なのは踏み出す勇気

またまた僕の大好きなデスマッチの話をさせていただきたい。以前、デスマッチのカリスマと呼ばれる葛西純さんに取材をさせていただいた。プロレスラーを目指していたが、体が小柄なために諦め、警備会社で働いていた葛西さん。あるとき病院の検査を受けたところ、重篤な病気の可能性が発覚した。結果が出るまでの1〜2週間ほどは、生きた心地がしなかったという。結局、異常はなかったのだが、このときに「死」を強く意識し、どうせいつか死ぬのなら好きなことをして生きようと、プロレスラーに転身したのだ。

葛西さんには、バルコニーダイブという必殺技がある。プロレス会場の2階から、約7メートル下の1階の相手に向かって、ボディプレス（自分の体で相手を押しつぶす技）をするのである。デスマッチは見慣れている僕も、このシーンを見たときは「本当に死んじゃう！」と血の気が引いたものだった。そんな命知らずの技を繰り出す葛西さんは、人から「怖くないの？」と聞かれる度に、こう答えているという。

「怖いと思う前に飛ぶ、これに尽きる」

それ以来、この考えは僕の行動指針に刻みこまれている。したい仕事があれば、すぐに売り込みをする。会いたいと思う人があれば、考えるより先に連絡をする。ときに暴走と映るかもしれないが、本気でしたいことがあれば、あれこれ考える前に行動してしまうべきなのだ。はじめから「失敗するかも」なんて考えてはいけない。実際に動き出した後は、戦略を立てたり、リサーチをしたりすることが大事だが、「やるか」「やらないか」、「YESか」「NOか」を決断するときは、心の叫びに従おう。

僕がゴールデン街にバーを開いた理由

バーを開こう、と思ったのは2010年頃のことだ。僕はノンフィクションが大好きで、様々な人の話を聞くのが好きだが、見ず知らずの方といきなり会話をできる空間は、バーくらいしかない。そのため、客としてしばしばバーに行くことがあったのだが、どうせなら自分で開きたいと思うようになっていた。そんなとき、バースペースを間借りさせてくれるお店を取材したことから、店主と意気投合し、そのお店をライター仲間と借りて一日だけバーを開いた。バーの名前はハシュワ（アラビア語で「ぼったくり」を意味する）で、来てくれた方たちから好評で、僕も楽しかったため、やがて定期的に営業するようになった。そして2012年、自分の店を開いたのだ。

では、どんなバーを立ち上げようかと考えたときに、頭の中にすっと浮かんできたのが「プチ文壇バー」というコンセプトだった。文壇バーとはそもそも、自分で名乗るものではない。作家や編集者が通うようになり、長い年月を経て、自然とそのように呼ばれるようになるものだ。

それを知りながら、僕があえて「文壇バー」と付けたのには、若手ライターやその志望者たちが集まる場所を作り、彼ら彼女らを少しでも支援したい、という思いがあったからだ。ライターとして駆け出しの頃、売り込みの仕方もギャラの相場も、企画書の作り方もまるで分からなかった。だからまず行動し、失敗しながらやり方を身に付けていった。そのような労力や時間をかけなくとも、あそこに行けば気軽に情報交換できる、という場所を作りたかったのだ。歴史あるゴールデン街という場所で、「文壇バー」と自分で名乗ることで、反発があることも覚悟していた。実際、古くからの酔客がやって来て、論戦を吹っ掛けられたことは数知れない。難しい文学論についていけず、言葉に詰まると、「そんなことも知らないでよく文壇バーとか名乗れるな。今すぐ看板下ろせ!」と罵られたこともあった。反体制の酔客に、僕が広告代理店で働いていたことを話すと、「お前はマスコミの犬か！」と殴り掛かられたこともあった。オープン当初は閑古鳥が鳴いてばかりで、ほかのお店は大盛況なのに、僕の店だけガラガラのこともあった。お客様が一人も来なかった日もある。

お店を開く前、僕にはコツコツと貯めた貯金が300万円ほどあった。そのほぼすべてを費やしてお店を開いた。お店がコケたら、本当に生活が立ち行かなくなる状況だった。だが、僕には根拠のない自信があった。それは、物書きとしてコネも実績もない中から、何とか独り立ちできるレベルにまで這い上がれた経験があるからだと思う。

物書き業と飲食業は全く違うし、一緒にしたらいけない。しかし僕の中では、実は二つはほぼ同じ事業なのだ。物書き業は、文章を通じて読者にメッセージを届けるのが仕事だ。バーは文章をリアルなコミュニケーションに置き換え、紙面をバーの空間に置き換え、読者をお客様に置き換えれば、構造としては全く同じだろう。

お店で会話や接客やサービスなどを通じて、自分が伝えたいことを伝える。それは、文章ほど上手にできるかは分からないが、やりたいことであるのは間違いない。そういう意味で、僕は「月に吠える」は飲食業だと思っていない。あくまでジャーナリストの延長としての、出版事業の一環だ。お店を開いたというより、新しいメディアを立ち上げたような気分だった。僕はマスターというより、編集長なのだ。これから事業を通じて、自分を助けてくれた大好きな本に恩返しするために、若手物書きの応援と、出版業界の活性化に少しでも貢献していきたいと思っている。

皆で業界を健全化していこう

ここまで本書を読んでくださった方たちにお願いがある。ライターデビューして、ある程度余裕ができたら、それを後輩ライターや業界の発展にも注いでほしい。例えば、クライアントから無茶な条件で依頼が来たとする。安易に受けるとどうなるか、考えてみてほしい。「ライターはこんな条件でも受けてくれるんだ」と思われ、ほかのライターにもそういった条件で依頼がいくだろう。みんなで業界を守っていくという意識を持って、健全化に努めていこう。

まずは自分がしたいことをする。そして結果が出るようになったら、後輩やお世話になった人たちに、自分ができる範囲で還元していこうではないか。

北尾トロさんが創刊した『レポ』の発送作業は、著者たちが集まって手作業で行っていた。誌面だけでなく、実際に交流できる場所になっていたのだ。作業を行っているとき、一人のライターが「トロさんはすごい。『裁判長〜』がベストセラーになっても、そのお金を貯めこまず、こうして人のために使っているんだから」と漏らした言葉が忘れられない。

確かに、と思った。僕もゆくゆくは、若手の書き手のために、こういった場を提供する人になりたい。そんな思いが、のちに文壇バーをオープンしたことに繫がったのかもしれない。

エピローグ

出版業界は斜陽産業だと言われている。確かに紙媒体、特に雑誌の売上は相当に落ちているのが現実だ。けれど、僕は決して不況だとは思っていない。縮小ではなく「変化」しているだけなのである。変化が起こるところには、必ずビジネスチャンスがある。業界の構造が変わっていく中、求められる価値を提供できないと、ベテランの書き手であっても淘汰されていくだろう。この状況は、若手にとってむしろチャンスだと思っている。生まれ変わろうとしている業界において、大事なのは過去の実績があるライターよりも、〝今、活躍してくれるライター〟なのだから。

しかし、現実はそうではない。業界で活躍しているのはやはりベテランが中心で、世代交代はまだまだ起こりそうにない。少なくとも、僕の周囲を見ている限りでは。『レポ』の執筆陣であるコラムニストのえのきどいちろうさんが、かつておっしゃったこんな言葉が頭から離れない。

「俺や（北尾）トロさんが最前線で頑張っているのはおかしい。本当は若い人こそここに立っているべきだよ」

これは先輩方からの、辛辣なエールに他ならない。若者たちよ、何を遠慮しているんだ。早く俺たちを追い越していけ、と。この言葉は、本書をここまで読んでくださったあなたへのメッセージでもある。

＊

物書きとしてまだまだ未熟で、実績も乏しい僕の経験談に、出版するほどの価値があるのか。本当に読者の方の役に立てるのか、書き進めながら常に不安を抱いていた。しかし、「楽しみにしているね！」と応援してくださったライター・編集者の仲間たち、月に吠えるをはじめとしたゴールデン街の飲んだくれたちに勇気をもらい、最後まで書き上げることができた。今では自信を持って、本書を世に送り出したい気持ちになっている。少しでも心に響く箇所があり、ライターを目指すあなたの糧になったとすれば、これほどの喜びはない。

本書はここで終わるが、もしも僕などに聞きたいことがあるという方がいたら、気軽に連絡をいただきたい。第2章で書いたように、時間の許す限り対応させていただこうと思っている。東京近郊にお住いの方は、いつでも新宿ゴールデン街の月に吠えるに遊びに来てほしい。遠方の方は、メールをくだされば必ずお返事させていただく。

最後に、僕が最も伝えたいことをもう一度ここに記して、結びの言葉とする。

僕みたいな奴にできたのだから、あなたにも必ずできる。

著者紹介

肥沼和之（こえぬま かずゆき）

1980年東京生まれ。ジャーナリスト、ライター。小説家を目指し、会社勤めをしながら執筆・投稿を続ける。27歳で小説家を断念するも、文章を書く仕事に就きたいという思いから、求人系広告代理店に転職し、転職サイトの求人原稿制作に従事する。2009年、フリーランスに転向。ビジネス系、人材・求人系の記事を執筆するほか、ノンフィクション分野も手掛ける。コエヌマカズユキ名義でも活動中。東京・新宿ゴールデン街のプチ文壇バー「月に吠える」のマスターという顔ももつ。

info@moonbark.net

フリーライターとして稼《かせ》いでいく方法《ほうほう》、教《おし》えます。

2016年 9 月30日　初版第 1 刷発行

著　者　肥沼和之《こえぬまかずゆき》

発行人　小山隆之

発行所　株式会社実務教育出版

〒163-8671　東京都新宿区新宿 1-1-12

電話　03-3355-1812（編集）

03-3355-1951（販売）

振替　00160-0-78270

印　刷　壮光舎印刷株式会社

製　本　東京美術紙工協業組合

　ISBN978-4-7889-1191-8　C0030